토마스 수사

바오로
로드를
가다

**Br. Thomas, Walking Along the Read
of St. Paul's Missionary Journeys**

by **Kim Dong-Ju**

Copyright © 2009 by Kim Dong-Ju
Published by ST PAULS, Seoul, Korea

이 책에 사용된 모든 사진은 가톨릭신문사의 협조를 얻은 것입니다.

ST PAULS
20, Ohyeon-ro 7-gil, Gangbuk-gu, Seoul, Korea
Tel 02-944-8300, 02-986-1361 Fax 02-986-1365

성경 ⓒ 한국천주교중앙협의회, 2021.

국립중앙도서관 출판시도서목록(CIP)

토마스 수사 바오로 로드를 가다 / 김동주 지음. — 서울 : 성바오로, 2009   p. ;   cm
ISBN 978-89-8015-716-7 03230
성지 순례[聖地巡禮]
234.8–KDC4 263.042–DDC21   CIP2009001616

토마스 수사
바오로 로드를 가다

| 글 **김동주**

CONTENTS

길을 나서며 _ 사부님, 이제 제가 갑니다! _ 7 / 공항, 그리고 사도의 생가 터 **타르수스** _ 15 / 바오로 사도의 회심 장소 **다마스쿠스** _ 23 / 초기 그리스도인들의 믿음 **카파도키아** _ 29 / 이방인에게 돌아서다 피시디아의 **안티오키아** _ 39 / 이슬람의 도시에서 사부를 만나다 **이코니온** _ 47 / 미지근한 신앙을 야단맞다 **라오디케이아** _ 57 / 첫사랑을 잃다 **에페소** _ 67 / '하느님께 충성'을 다짐하다 **스미르나** _ 75 / 당신은 살아 있습니까? 죽었습니까? **사르디스** _ 83 / 오늘날 나의 우상을 말하다 **페르가몬** _ 89 / 오늘날 거짓 예언자 이제벨은 누구인가? **티아티라** _ 97 / 사랑하는 나의 형제들 **필라델피아** _ 103

거룩한 초청을 받다 **트로아스**를 거쳐 **그리스로** _ 109 / 자유의 나라 **그리스**에 첫발을 딛다 _ 117 / 마음의 기쁨 그리고 감옥에 대해 **필리피** 上 _ 127 / 나의 리디아 부인은? **필리피** 下 _ 133 / 죽음이 마지막 말은 아니다 **테살로니카** _ 139 / 진정한 고요함을 찾아서 **메테오라** _ 147 / **코린토** 도시의 환락과 퇴폐 그리고 사도의 눈물 _ 161 / 시대를 이해하라 **아테네** _ 173 / 사랑과 환대의 섬나라 **몰타** _ 183 / 위험을 무릅쓰고 전진하라 **로마** 입성기 _ 195 / 순교를 각오하라 **로마** _ 203 / **길을 마치며** _ 나는 달릴 길을 다 달렸습니다! _ 213

길을 나서며 _ 사부님, 이제 제가 갑니다!

2008년은 바오로해로 선포되었다. 교황 베네딕토 16세께서 사도 바오로 탄생 2000주년을 기념하여 2008년 6월 28일부터 2009년 6월 29일까지를 '사도 바오로의 특별 희년'으로 선포하신 것이다. 성 바오로만큼 교회사에 큰 획을 그은 인물도 드물 것이다. 게다가 성바오로수도회의 스승이요, 모범이며, 사부이다. 무엇보다도 바오로 사도는 목이 잘려 순교하는 순간까지도 이방인들의 땅에 복음을 선포하였다. 여전히 선교의 땅인 한국 교회가 특별히 그분의 도움을 청해야 하는 이유도 여기에 있다. 세상을 거슬러 하느님 나라를 세워야 하는 우리에게 바오로 사도의 존재는 큰 힘과 용기가 될 것이다.

그분이 없었다면 과연 오늘날의 교회가 있었을까? 그런 분을 사부로 모시고 살아가는 내게 바오로의 해는 각별한 의미로 다가오지 않을 수 없다.

브라질 성바오로수도회에서 8년간의 선교사 소임을 마치고 귀국한 2007년 4월 나는 수도회 장상으로부터 거창한 제안을 받았다. 바오로 해를 맞아 가톨릭신문사와 한국 성바오로수도회의 공동 기획으로 사도 바오로의 출생지, 선교지, 순교지를 3주간 순례하면서 사도의 발자취를 더듬어 보는 프로젝트에 동참하라는 것이었다. 여러 가지 이유로 내게 부여된 수도회의 큰 숙제를 얼떨결에 냉큼 받아들이는 큰 실수를(?) 저질렀다. 지금껏 나는 직접 쓴 글을 출판해 본 적이 없을 뿐더러 신학 공부를 많이 하지도 않았다. 브라질 상파울루에 위치한 성모승천 가톨릭 대학교에서 5년간 철학과 신학을 공부했을 뿐이다. 문장을 화려하게 꾸미거나 감동을 주는 글도 쓰지 못한다. 왠지 모를 불안함과 자신감의 상실로 우물쭈물할 무렵, 가톨릭신문사 기자가 진지하게 물었다.

"수사님, 성바오로수도회 수사로서 긍지를 가지고 사시나요?"

"수사님, 성 바오로 사도를 사랑하시지요?"

이 질문들이 나에게 용기를 주었다. 답답하고 막힌 가슴이 조금은 후련해지는 것 같았다. 이 질문이 계기가 되어 이 막중한 여정의 첫걸음을 뗄 수 있게 되었다.

이제 며칠 후면 바오로 사도께서 걸었던 그 길을 따라 걷는다. 모든 것을 내어 맡기고 그 길을 따라 걸을 것이다. 모든 것은 그분께서 이

끄실 것이다. 하느님의 은총으로 5월 21일부터 6월 11일까지, 짧지 않은 이번 순례가 정말 의미 있고, 복된 순간이 될 수 있도록 바오로가족 창립자 복자 야고보 알베리오네 신부님과 사도 바오로의 도움을 청한다.

사부를 따라 걸은 3주간의 이 순례 일기는 사도 바오로를 따라 사는 수도자의 절절한 고백이자 깊은 반성이다. 이 작은 순례 여행 고백이 독자 여러분의 신앙생활에 조금이라도 도움이 되기를 바라며 이 글을 통해 독자들이 삶 안에서 짬짬이 자신을 만나고 하느님을 발견할 수 있다면 얼마나 좋을까 생각해 본다.

"이 한 가지는 분명합니다. 나는 내 뒤에 있는 것을 잊어버리고 앞에 있는 것을 향하여 내달리고 있습니다."(필리 3,13)

공항, 그리고 사도의 생가 터
타르수스

"나 너희와 함께 있으니, 두려워하지 말라! 나 여기서 비추리라."(바오로 가족 창립자 복자 야고보 알베리오네 신부)

2008년 5월 21일, 바오로 로드가 시작됐다. 튀르키예 이스탄불로 떠나는 순례의 첫날, 출발은 아주 좋았다. 새벽 미사 중에 준관구장님과 여러 수사님들의 따뜻하고 기대가 섞인 격려를 등에 업고 들뜬 마음으로 차에 올랐다. 그런데 차창 밖의 하늘에선 굵은 비가 쏟아지기 시작했다. 교통 상황도 녹록하지 않았다. 아니나 다를까 공항에서 큰 사건이 벌어졌다. 내 여권을 사용할 수 없는 것은 물론이고 오늘 출국도 불가능하단다. 지난해 브라질에서 한국으로 영구 귀국할 때 외교통상부에서 내 여권을 말소시킨 것도 모르고 그동안 여권을 방 서랍에 고이 모셔 놓았다가 오늘에야 꺼내 왔던 것이다. 잿빛 하늘이 아예 노랗게 보였다.

공항 내 출입국 관리 담당 직원들의 의혹에 찬 따가운 눈초리를 받았는데, 촉박한 시간이 제일 마음에 걸렸다. 비행기 이륙 1시간 전이었다. 신문에 연재할 기사를 쓰기 위해 여행한다고 했더니 글을 쓴 증거를 요구했다. 마침 로마에 계신 총장 신부님에게 드릴 신문 한 부를 보관하고 있어 그것을 제출했다. '휴~' 하며 안도의 한숨을 돌리자마자 두 번째 숙제가 이어졌다. 브라질에서 선교사로 살았다는 증빙서류를 요청하는 것이었다. 이미 소용없게 된 구여권은 수도원 내 방 서랍 안에 있었다. 당연히 방문은 잠그고 왔고 때마침 수도원의 열쇠를 담당하는 수사님은 은행에서 업무를 보는 중이라니…. 가뭄에 논바닥 갈라지듯 속은 타들어 가고 침은 바짝바짝 말랐다. 수도원에서는 한바탕 난리가 난 모양이었다. 결국엔 비상 열쇠를 찾지 못해 수사님들은 급한 마음에 도끼로 방문을 부수고, 여권을 찾아 필요한 부분을 복사해 팩스로 급히 보내 주었다. 여권 복사본을 보더니, 한국 내 브라질 영사관에 직접 전화를 걸어 확인하는 철저함을 보여 준다. 이륙 30분 전이다. 세 번째 숙제는 A4 백지 한 장을 내주며 육하원칙에 의거하여 출국 당위성을 적으라는 것이었다. 그리고 임시 여권에 필요한 사진도 한 장 제출하라고 했다. 수도회 협력자회 지도 신부와 기자에게 조서를 부탁한 사이에 나는 공항 안에 설치되어 있는 사진 자동판매기에 앉아 여권 사진을 찍었다. 어쨌든 요구하는 모든 서류를 제출했고, 내 신원을 확인하기 위한 여러 질문에 진땀을 흘리며 대답을 마쳤다. 남은 시간은 불과 5분. 사진과 조서(?)를 전부 제출하자 이제 남은 것은 기다리는 일뿐이라는 공항 직원의 냉정한 말이 돌아온다. 5분 후면 비행기는 떠나는데…. 기다리며 간절히, 정말 간절히 하느님께 도움을 청하는 기도를 올렸고 드디어 비행기 이륙 2분 전에 임시 여권(일회용)을 기적적으로 발급받았다.

'하느님 감사합니다! 여권님도 고맙습니다!'

불과 몇 시간 동안이지만 대한민국 국민임을 스스로 증명할 수 없

: 튀르키예의 타르수스에 있는 성 바오로 사도 기념관.

어 나는 큰 곤란을 겪었다. 이 황당한 사건을 통해 사도 바오로가 로마 시민권 소유자였음을 기억할 수 있었다. 사도 바오로가 "로마 시민인 우리를 재판도 하지 않은 채 공공연히 매질하고 감옥에 가두었다가 이제 슬그머니 내보내겠다는 말입니까?"(사도 16,37)라고 말한 것과 로마 시민이었기에 십자가형이 아니라 참수형을 당한 사실이 내 머릿속을 스쳐 지나갔다. 이렇게 내가 시민권을 가지고 있음으로 인해 보호받을 수 있고 권리와 혜택을 누릴 수 있음을 새삼 깨닫게 된다. 실은 우리도 모두 예수님의 수난 공로로 인해 하늘나라의 시민권을 가지고 있기에 특혜를 누리고 있지 않은가. 우리는 참으로 큰 은혜를 누리고 있음을 자주 잊는다.

13시간을 날아 도착한 곳은 튀르키예의 타르수스. 바오로 사도는 킬리키아의 그 유명한 도시 타르수스 출신이면서(사도 21,39) 로마 시민권자였기에 수차례의 전도 여행을 통해 주님의 말씀을 세상에 널리 퍼뜨렸다. 자신이 부여받은 삶의 선물을 최대한 활용해 선교 활동 지역을 넓혔던 것이다.

바오로 사도의 생가 터로 추정되는 우물을 찾았다. 너무나 오랜 세월이 흘러 이곳이 확실하다는 증거는 없지만, 사부가 태어난 마을의 유적이라고 하니 감개가 무량할 따름이었다.

사도 바오로는 선교 활동 중에 그 누구에게도 짐이 되지 않기 위해 스스로 일을 하여 선교 비용을 마련하였다고 한다. "바오로가 그들을 찾아갔는데, 마침 생업이 같아 그들과 함께 지내며 일을 하였다. 천막을 만드는 것이 그들의 생업이었다."(사도 18,2-3)

: 사도 바오로의 고향, 타르수스의 우물가(사도 바오로의 생가 터로 추정된다).

공교롭게도 수도회 입회 전 내 직업은 천막 장수는 아니었지만 같은 계통(?)이라고 할 수 있는 원단 세일즈맨이었다. 그 당시 내 삶의 중심은 돈이었고, 생계를 위한 원단 판매에 나 자신을 던졌다. 영업을 한답시고 하느님은 늘 뒷전이었고 세속의 향락과 물질적인 추구만을 전부로 삼았던 것이다. 단지 부와 명예 그리고 승진을 위해 뛰고 땀을 흘렸다. 그러나 이제는 우리 삶의 최종 목적이요, 중심이신 주님을 전하기 위해 월급 한 푼 없는 세일즈를 한다. 거룩한 영업이다. 기쁜 소식을 전하기 위해, 도서, 음반, 영화 등등의 매체를 전하기 위해 이제

나는 세상 끝까지라도 간다. "기쁜 소식을 전하는 이들의 발이 얼마나 아름다운가!"(로마 10,15)

튀르키예 타르수스에서 나는 감동에 젖은 채 새로이 땀을 흘린다. 이 땀은 전보다 더 값진 땀이다.

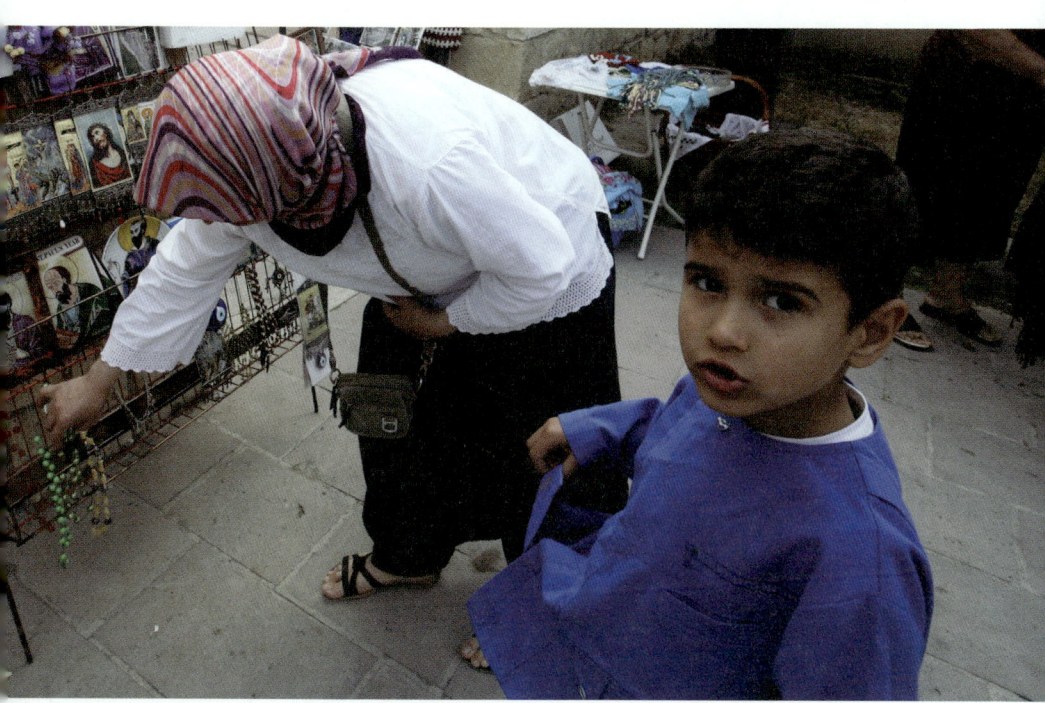

바오로 사도의 회심 장소
다마스쿠스

회심.

수도회 입회 전에는 무서울 것이 없었다. 세상 구석구석을 돌아다니며 오로지 돈을 벌기 위해, 원단 영업에 목숨을 건듯 최선을 다했고, 세상의 유혹과 쾌락에 빠져 있었다. 사도 바오로가 회심하기 전에 바리사이로서 교회를 박해하는 일을 자신의 소명으로 여겼던 것처럼 나의 경우도 비슷했다.

돈 버는 재미에 빠져 철저하게 하느님을 외면해 왔다. 우리 주主님을 섬기는 대신, 다른 주酒님을 받드는 것도 부끄러워하지 않았다. 사회생활 아니 영업직에 뒤따르는 당연한 일들이라고 대수롭지 않게 여겼던 것인지도 모른다. 정말이지 성소라든가 수도자라는 말은 내게 뜬구름 잡는 일이었다. 그런데 내가 사도 바오로처럼 고꾸라졌다. 내 인생의 큰 전환이 되는 사건이 일어났다. 스테파노 성인이 돌에 맞아 순교할 때 돌로 치던 자들의 옷을 맡아 지켰고, 교회를 무지막지하게 탄압하러 가던 사울이 주님을 만나 땅에 엎어지며 회심한 것처럼 말이다(사도 9,4 참조).

섬유업계 영업 사원으로 근무하던 25살의 가을 오후, 무엇에 홀린 듯 명동 성당으로 발걸음을 옮겼다. 아마 나도 세속의 삶에 지치고 찌

: 다마스쿠스로 가는 도
  중 말에서 떨어지는
  성 바오로.

들었던 것 같다. 몇 년 만에 찾은 성당인가? 성체조배를 하는데 귓가에 음성이 들려왔다. 그것은 마음속에서 울려 나오는 나의 내면의 소리였다. 그것은 또한 때늦은 후회와 뼈저린 반성을 알리는 양심의 소리였다. 지금도 그 소리는 내 귓가에 생생하게 남아 있다.

"토마스야, 너 왜 여기 있느냐? 여기 있지 말고 밖으로 나가 걸어라." 어디로 가지? 밖으로 나가 걷다가 꿈을 꾸듯 명동 바오로딸 서원에 들어갔다. 땅에 엎어진 후 눈까지 멀었던 사울이 주님의 인도로 하나니아스로부터 안수를 받고 음식도 먹으며 기운을 차렸듯이(사도 9,17-19 참조) 그곳에 계신 수녀님으로부터 환대를 받으며 좋은 말씀을

들고 난생 처음 수도회를 소개받았다. 그러나 왠지 나 자신이 초라해 보이고 부끄럽고 자신감이 부족해서 성소에 대해 아무런 결정을 내릴 수 없었다. 그냥 성당에 다시 다니기 시작한 것으로 만족했다. 그렇게 시간이 흘렀다.

 이후 서울 돈암동 성당에서 우연히 레지오 마리애를 소개받아 입단하게 되었고 봉사 활동을 하면서 살아 계신 하느님을 체험할 수 있었다. 그토록 외면했던 하느님을 헌신과 열정, 그리고 행복 속에 섬기며 청춘을 불태웠다. 참 좋았다. 마냥 기뻤다. 이런 행복과 기쁨을 놓치고 싶지 않아 드디어 감옥 같은 그런 곳(수도회)에 왜 가느냐며 반대하는 직장 상사들의 비웃음을 뒤로하고, 마음속으로 수도회 입회를 결정했다. 나는 이제 완전히 다른 사람이 되어 버렸던 것이다. 나는 회심했다. 적당히 세상 유혹과 타협하며 아무렇게나 살던 삶을 접고, 오로지 복음만을 위하여 살게 되었다.

이 기사를 작성하기 전날 형제 수사가 병원에 급히 입원했다. 과로로 인한 대상포진이라고 한다. 그 때문인지 요사이 몇몇 형제들과 직원들이 걱정스럽게 내게 말한다.

"수사님, 쉬엄쉬엄 하세요. 그러다가 쓰러지겠어요. 수사님은 슈퍼맨이 아니에요."

"사울은 더욱 힘차게 예수님께서 메시아이심을 증명하여, 다마스쿠스에 사는 유다인들을 당혹하게 만들었다."(사도 9,22)

나의 사부인 사도 바오로는 회심 사건 후 여러 곳을 다니며 선교를 했는데 적당히 하는 법이 없었다. 목숨을 다해 죽을 각오로 예수 그리스도가 하느님의 아들이라고 선포했다. 회심 전에는 사람들을 붙잡아 없애버리려고 작정했었지만 회심 후에는 순교를 각오하고 고된 땀을 흘리며 주님의 이름으로 사람들을 설득했다. "나에게 무슨 일이 닥칠지 나는 모릅니다. 다만 투옥과 환난이 나를 기다리고 있다는 것은 성령께서 내가 가는 고을에서마다 일러 주셨습니다."(사도 20,22-23)

마음과 정신이 새롭게 된 나는 늘 주님을 위해서 뛰고 있다. 수도자로서 커뮤니케이션 사도직을 수행하다 쓰러지더라도 절대로 후회하지 않을 것이다.

'당신의 사랑만이 내 마음에 차오니 온 세상 쾌락에는 허전할 뿐입

니다.'

지금 이 글을 읽는 여러분에게 묻고 싶다. 여러분의 회심은 어느 순간이었는가? 세상 것에 발목을 잡혀 아직 회심하지 못한 채로 엉거주춤하고 있지는 않은가.

동행한 가톨릭신문사 기자에게 다마스쿠스에 관련해 '나의 회심'을 이야기하던 중 말씀 사탕을 뽑았다.

"위에 있는 것을 생각하고 땅에 있는 것은 생각하지 마십시오."(콜로 3,2)

우리는 어쩌면 오래전부터 회심의 장소, 다마스쿠스에 가고 싶어 했는지 모른다.

저기 멀리, 다마스쿠스가 보인다.

초기 그리스도인들의 믿음
카파도키아

"알라, 알라."

알라 소리에 잠이 깼다. 지금은 새벽 4시. 마이크를 대고 큰 소리를 내는 통에 잠은 설쳤지만, 기분은 나쁘지 않았다. 이슬람 사람들은 알라에게 하루에 총 다섯 번의 예배를 바친다.

오늘 소개할 곳은 '사랑스럽고 친절하다'는 뜻의 카파도키아다. 튀르키예의 수도 앙카라에서 남동쪽으로 280km 떨어진 뜨겁고 광활한 고원지대. 오랜 지각변동과 풍화작용으로 생겨난 원추형 기암괴석들이 5월의 뜨거운 태양 아래 손을 흔든다. 참으로 장관이다.

바오로 사도와 큰 관련은 없지만 이곳 카파도키아는 로마 제국의 박해를 믿음으로 증거한 신앙 선조들이 살았던 곳으로 초대교회 시절의 힘겨운 역사가 있다. 로마 제국의 박해가 심해지자 그리스도인들이 이곳으로 숨어 들어와 신앙 공동체를 형성하였는데, 기암괴석들을 뚫어 동굴 교회를 만들고, 성화를 그렸다.

우리가 도착한 곳은 30개가 넘는 지하 신앙 공동체 중 가장 유명하다는 데린쿠유. 새우처럼 완전히 몸을 구부려야만 간신히 들어갈 수 있다. 퀴퀴한 지하 공기와 수많은 계단은 열악하다 못해 잔인했다.

"그분께서는 과연 그 큰 죽음의 위험에서 우리를 구해 주셨고 앞으로도

구해 주실 것입니다. 이렇게 우리는 하느님께서 또다시 구해 주시리라고 희망합니다."(2코린 1,10)

박해가 절정에 달했을 때 그들은 죽음을 예견했을 것이다. 그들은 과연 무엇을 기대했단 말인가. 깜깜한 어둠 속 지하 도시에서 그들은 '하느님'이라는 빛을 보았고 더 큰 빛을 기다리며 인내했을 것이다. 그 것은 '희망'이었다. 하느님 나라를 곧 볼 수 있다는 강한 희망이었던 것이다. '암흑'은 오히려 동굴 바깥의 타락한 세상과 더 어울렸다.

튀르키예에 도착해 나는 많은 사람들을 만났다. 그 중에는 순례객도 있었고, 한국전쟁에 참전했음을 말해 주는 한국과 튀르키예 국기가 그려진 배지를 달고 있는 튀르키예 할아버지도 있었다. 그러나 특히 기억에 남는 이들은 여기서 만난 청소년들이다. 튀르키예의 다른 지방에서 수학여행을 온 그들은 이글거리는 태양만큼 뜨겁게 나를 환대했고, 인사를 건넸다. 이들을 통해서 나는 힘든 순례길을 이어갈 희망을 보았고 잠시나마 웃을 수 있었다.

튀르키예에서 만난 많은 사람들은 물질적으로는 부유하지 않았지만 해맑은 눈과 가슴을 가졌고 영적으로 부유했다. 우리가 그토록 찾는 하느님 나라는 이런 모습이 아닐까. 모든 그리스도인들이 바라는 참행복이 실현되는 곳 말이다.

이와 반대로 무한 경쟁 사회인 우리나라의 청소년들은 입시 지옥에 몸살을 앓는다. 기업인과 정치인도 마찬가지다. 모두들 일류병과 성공에 목숨을 바친다. 이런 환경 속에서 살아가는 신자들은 종종 나에게 묻는다. "수사님, 용돈도 없고, 아내도 없고, 무조건 순종해야 하

: 한국전 참전 경험을 큰 자부심으로 간직하고 있는 왕년의 용사들. 한국-튀르키예 국가 배지를 몸에 지니고 다닌다.

: 카파도키아에서 만난 튀르키예의 학생들. 이들의 선한 눈과 착한 미소에서 미래를 본다.

는 삶을 왜 선택하셨어요?"

사실 나는 아무것도 가진 것이 없지만 당당하고 자신 있게 '행복하다'고 말할 수 있다. 초기 그리스도인들이 순교의 삶을 택했듯 나도 수도 생활을 택했다. 참된 행복을 무상으로 주신 하느님께 감사한다. 첫 서원을 하며 나는 다른 수도자와 마찬가지로 세 가지를 주님께 약속했다. '청빈, 정결, 순명'이다.

창립자 신부님의 가르침대로 내게 청빈은 최대의 '부', 정결은 최대의 '사랑', 순명은 최대의 '자유'이다. 마음을 비우니 부유해지고, 결혼해 아내와 자녀를 두지는 않았지만 영적 아들딸과 하느님의 사랑을 얻었다. 장상과 형제들과 함께 수도원 정원 속 작은 새들의 '재잘재잘' 합창 소리를 아침기도와 함께 들을 수 있는 자유가 있다. 즐겁고 희망찬 소음이다. 최고로 행복한 순간이다. 하느님 나라를 미리 앞당겨 살고 있는 사람의 행복이란 이런 것이 아닐까? 묻고 싶다. 여러분들은 행복한지.

"보이는 것이 아니라 보이지 않는 것을 우리가 바라보기 때문입니다. 보이는 것은 잠시뿐이지만 보이지 않는 것은 영원합니다."(2코린 4,18)

: 카파도키아의 풍광을 바라보며.
보이지 않는 것을 바라보는 삶은 쉽지 않으나 영원한 기쁨과 맞닿아 있다.

: 괴레메의 옛 수도원 가는 길과 옛 수도원 전경.

이방인에게 돌아서다
피시디아의 안티오키아

교회사에 큰 획을 그었던 곳! 사도께서 전도 여행을 하면서 항상 지나셨던 역사적인 곳. 피시디아의 안티오키아. 지금은 2만5천 명가량이 사는 소도시로서 얄바츠Yalvac라고 불린다.

밝은 해가 얼굴을 감추더니 이른 아침부터 하늘에선 굵은 빗방울이 떨어진다. 이곳에 도착하자마자 흰 구름과 먹구름이 하늘을 반씩 차지하더니 급기야 천둥마저 으르렁거린다.

"우리는 하느님의 말씀을 먼저 여러분에게 전해야만 했습니다. 그러나 여러분이 그것을 배척하고 영원한 생명을 받기에 스스로 합당하지 못하다고 판단하니 이제 우리는 다른 민족들에게 돌아섭니다."(사도 13,46)

사도 바오로는 이곳에서 다른 민족들에게 돌아섰다. 즉 천대받고 멸시받던 이방인에게 돌아섰던 것이다. 그날 나의 사부, 바오로가 이방인에게 돌아서지 않았다면 이 자리에 수도자인 나도, 그리스도를 믿는 여러분도 없었을 것이다. 사도 바오로가 평생을 두고 섬겼던 이방인들을 오늘날에는 어디서 찾아볼 수 있을까? 다문화 가정의 외국인 여성? 외국인 노동자? 세상의 중심에서 벗어나 있는 힘없는 이들?

안티오키아의 교회 유적지를 둘러보고 솔직히 조금 실망했다. 웅장하고 화려함을 크게 기대했던 것일까…. 흉측하게 깨지고 기울어진

: 피시디아의 안티오키아. 어둔 하늘을 배경으로 여기저기 나뒹구는 교회의 초석들이 외형적으로는 커가지만 내면적으로는 빈약해져 가는 우리 교회의 모습을 떠오르게 하여 안타까운 상념에 젖는다.

옛 교회의 기둥들, 마치 전쟁 후의 잔해더미 속을 걷는 것과 같았다. 볼만한 것이 없다고 해도 과언이 아니다. 마음이 돌처럼 무거워지고 있을 때 불현듯 뇌리에 오늘날 우리나라 교회의 모습들이 스쳐지나갔다. 이곳을 다녀갔던 한 노사제는 안티오키아의 부서진 돌들을 보고 그 옛날의 화려함은 모두 사라지고 여기저기 무너져 내린 돌들이 오늘날의 교회를 향해 울고 있는 것 같다고 했다.

우리나라 교회의 앞날이 조금은 염려되어 내 마음도 돌처럼 무거워졌다. 물질 만능주의와 이기주의 여파로 우리나라 신자들의 주일미사 참례율은 겨우 30% 내외라고 한다. 특별한 대책이 없을 경우 20년 후에는 15%로 떨어질 것이라고 전문가들은 경고하고 있다. 새 영세자는 꾸준히 증가하고 가톨릭 신자의 비율도 점점 높아만 가는데, 어찌하여 신자들의 미사 참례율은 떨어지고 쉬는 교우가 늘어만 가는지! 안티오키아의 무너져 내린 교회를 보며 염려와 안타까움이 밀려왔다.

이처럼 적지 않은 신자들이 교회를 멀리하는 이유가 무엇일까? 혹시 사목의 중심에 있는 수도자, 성직자들의 권위주의로 인한 것은 아닐까? 고해성사가 두려운 걸까? 행여 우리들이 그들을 이방인 취급하는 것은 아닐까? 사도 바오로는 이방인들을 위한 선교 사명을 수행하기 위해 이곳 안티오키아로 왔다. '이방인!' 오늘날 우리에게 있어서 이방인의 의미는 무엇일까?

선교를 위해 8년여를 머물렀던 브라질에서 겪은 일이 생각난다. 한국에서 비행기를 타고 24시간이나 걸려 도착한 그곳 브라질에서 나는 하루 만에 이방인이 되었다.

　브라질 성바오로수도회에서 유일하게 맡고 있는 지역 본당에서의 일이었다. 본당 주임인 원로 수사 신부님이 지구 반대편에서 막 도착한 동양의 수도자인 나를 들뜨고 기쁜 마음으로 본당 모든 신자들에게 소개했고 내게 인사 한마디할 것을 권유했다. 그것도 미사 강론 시간에! 나는 입이 얼어붙고 부끄러워 오브리가두 Obrigado(감사합니다) 단 한마디하고 머리를 숙였다. 선교 초기인지라 그 나라 언어에 자신이 없어 생긴 일이다. 신부님과 그 자리에 모인 신자들의 실망스럽고 난감해 하는 표정이란…. 그들이 나를 이방인 취급한 것이 아니라 내가 자처해 이방인이 된 것이다. 그들의 고유문화를 배워 그들과 더불어 하나가 되겠다며 선교를 온 수도자의 부끄러운 모습이었다.

　수도회를 찾는 이들을 이방인으로 만드는 경우도 있다. 수도회를 처음으로 방문하는 신자들의 기대는 실로 큰 것 같다. 친교를 나눈다는 식당에서, 자기와 관계가 없다하여 너무도 무심하게 방문객을 대하는 우리 수도자의 모습을 자주 본다. 알게 모르게 그 방문객을 이방인 취급하는 것이다.

　따뜻한 말 한마디, 환영한다는 눈인사 한 번이면 충분할 텐데 말이다. 수도회, 성당, 사회 안에서 우리는 어색함 때문에 때로는 무관심으로 많은 사람들을 외면한다.

　오늘날 '이방인'이란 소외된 이들, 환영받지 못하는 모든 사람일 것이다. 나와 대화가 되지 않는 사람들, 사고방식이 다른 사람들, 우리는 그들을 소외시킨다. 또 비슷한 사람끼리 '끼리끼리 문화'를 이루며

: 튀르키예에서 흔히 볼 수 있는 올리브 나무와 옛 교회 터. 이 나무는 그 시절 교회의 영광을 보았을까.

살아가고 있다. 나만, 우리만 보고 생각한다면 이것이 집단 이기주의와 다를 게 무엇인가? 다른 민족에게도 복음 전파의 필요성을 느꼈던 사도 바오로처럼 "이제부터 나는 다른 민족들에게로 갑니다."(사도 18,6) 주님을 선포하기 위해 모든 사람에게 모든 것이 되신 사도 바오로를 바라보며 나의 갇힌 태도, 좁은 태도가 부끄러울 뿐이다.

이방인들에게 파견된 사도들에게는 늘 곤란과 어려움이 뒤따른다. 나를 이해하지 못하는 곳에 파견되었을 때의 두려움과 당혹감은 이방인의 사도였던 바오로의 박해를 실제 체험으로 깨닫게 한다.

1993년 수련기 때의 일이다. 첫 임무를 수련장님으로부터 부여받고 청주교구에 파견되었다. 〈내친구들〉이라는 어린이 신앙 잡지를 홍보하는 일이었다. 가시적인 성과는 적었다. 교구 전체를 가가호호 방문하면서 겪은 어려움은 어린 수도자로선 충격이었다. 싸구려 책 장사꾼으로 취급당하는 체험은 우리 수도회 카리스마를 의심케 했다. 솔직히 고백하건데 많은 시간이 흘렀지만 지금도 낯선 이들에게 가서 우리 매체를 홍보한다는 것이 가끔은 자연스럽지 않고 어색할 때가 있다. 사부께서도 이곳 안티오키아에서 전도하셨으나 배척을 당했다고 한다. "유다인들은 도시의 유지들을 선동하여, 바오로와 바르나바를 박해하게 만들고 그 지방에서 내쫓았다."(사도 13,50)

그렇다. 이방인들에게 파견된 사도들에게 환난은 언제나 있다. 예수님의 십자가 고통 없인 부활이 없다고 하지 않는가? 대중매체를 도구로 활용해, 온 세상 모든 민족들에게 기쁜 소식을 전하는 바오로인들은 자부심을 가져야 한다. 세상 사람들이 우리를 어떻게 여기든 우리는 앞을 보고 전진해야만 한다. 안티오키아에서 보았던 그래서 슬퍼 보였던 그 돌들이 이제는 그렇게 대견하고 듬직하게 보일 수가 없다. '사도 바오로께서도 이 많은 돌덩이 중 한 돌덩이 위에 올라 앉아 설교를 하셨겠지….'

피시디아의 안티오키아의 교회 유적지를 다시 바라본다. 칙칙하고 어두웠던 안티오키아의 하늘이 어느새 다시 예전처럼 예쁘고 높다랗게 나의 눈에 들어온다. 튀르키예의 말간 해가 한국에서 온 이방인인 내게 고개를 들어올린다.

이슬람의 도시에서 사부를 만나다
이코니온

이코니온, 이슬람 메블라나(신비주의 종파)의 신도들이 흰 옷을 입고 머리를 비스듬히 기울이고 빙글빙글 돌며 무아지경에 빠져 그들의 유일신 알라를 체험한다는 그 유명한 곳. 현재는 튀르키예의 코니아 Konya이며 인구는 대략 180만 명 정도이고 카펫과 가죽의 생산지로 유명하다. 히잡(이슬람 여인들이 쓰던 머리 수건)과 차도르(이슬람 여인들이 두르고 다니는 검은 옷)가 다른 도시보다도 눈에 많이 띄었던 곳이다. 이곳은 진정한 '이슬람 도시'같았다.

새벽 4시, 너무나 큰 소리의 아잔이 귀에 울려오는 탓에 새벽부터 일어나 앉아 기도를 하고 성경도 읽고, 샤워도 하는 등 아잔 덕분에 일찍 아침을 시작했다. 튀르키예의 아침을(꿀과 요구르트가 매일 나옴) 먹고 나서 출발해 도착한 곳은 놀랍게도 바오로 기념 성당이었다.

유난히 이슬람 색채가 강한 곳에서 가톨릭교회인 성 바오로 기념 성당을 방문하는 기분은 남달랐고 가슴까지 설레었다. 이곳은 신자가 거의 전무하기 때문에 순례객의 봉헌금만으로 운영을 해 나가고 있다고 한다.

심장이 두근거리기 시작했다. 온통 이슬람 향기가 배어 있는 도시에서 만난 사부의 성당, 오랜만에 첫사랑을 만나는 일보다 더 설레는 일이 아니겠는가! 성당에 들어서자 '예수의 작은 자매회' 소속 이탈리아인 세레나 수녀님과 이사벨라 수녀님이 함박웃음을 지으며 반겨 준다. 이곳에 온 지 12년이 되었다는 세레나 수녀님에게 기습 인터뷰를 요청했다. 언어는 하등의 문제가 되지 않았고, 서로의 마음이 통하는 것을 느낄 수 있었다. 수녀님의 마음과 얼굴을 통해서 말하고자 하는 표현을 읽을 수 있었다.

"선교란 어떤 의미입니까?" 수녀님은 상기된 표정으로 "우리는 성당 밖에서 선교 활동에 많은 제한을 받고 있지만 늘 성당 문은 활짝 열어 놓습니다." 하고 대답하시고는 잠시 생각을 하시다가 말씀을 계속하신다. "이슬람 국가에서 알라가 아닌 하느님을 알리는 것이 쉽지 않은 일이지만 우리가 하는 일이 아니라 하느님이 하는 일이라고 믿고, 우리의 사는 모습을 솔직하고 투명하게 보여 주려고 노력합니다."라고 두 눈을 반짝거리며 진지하게 대답하셨다.

그렇다. 선교한다는 것은 곧 사는 것 그 자체이다. 바오로 사도께서도 이곳, 이코니온에서 이방인들과 유다인들에게 선교하다가 괴롭힘을 당했고 돌에 맞아 죽을 뻔했다. "바오로와 바르나바는 이코니온에서도 전과 마찬가지로 유다인들의 회당에 들어가 설교하였다. 다른 민족 사람들과 유다인들이 저희 지도자들과 더불어 사도들을 괴롭히고 또 돌을 던져 죽이려고 하였다."(사도 14,1.6)

수녀님은 이 지역에 단 다섯 명의 가톨릭 신자가 살고 있다고 확인해 주었다. 이슬람 색채가 다른 도시보다 매우 강하다 보니 가톨릭으로 개종한다는 일은 파격적인 일이라고 할 수 있다. 대단한 믿음과 용기가 요구되는 것이다. 가족이요, 친구, 동료들인 이슬람인들의 눈총을 뒤로하고 자신 있게 가톨릭 성당의 문을 열고 들어가는 행동은 오늘날의 또 다른 형태의 순교를 떠오르게 했다.

수녀님께서 놀라운 이야기를 하나 더 해 주셨는데 잠시 후 그 이야기의 주인공이 성당 문을 열고 들어와 우리와 함께 감사 미사를 봉헌했다. 이슬람에서 가톨릭으로 개종한 이라크 여성을 만나게 된 것이다. 그녀는 자기 나라에서 벌어진 전쟁을 피해 튀르키예로 이민을 온 경우인데 이곳 수녀님들과의 만남을 통해 그리스도인들의 봉사 정신과 형제적 사랑을 새롭게 체험했다고 한다. 전쟁으로 인한 상처 때문

: 예수의 작은 자매회 세레나 수녀님과의 인터뷰. 질문은 포르투갈 어로 하고 대답은 이탈리아 어로 들었는데도 성공적으로(?) 임무를 수행했다.

: 이코니온(코니아)에 있는 성 바오로 기념 성당 외경과 성당 내부에서 감사 미사를 드리는 장면.

에 경직되었던 얼굴과 얼음장같이 차가웠던 마음이 안정된 생활로 인해 예전의 여유와 미소를 되찾았다고 말했다.

이야기를 들으며 참으로 행복했지만 머릿속에서 엉뚱한 상상이 일어나며 마음이 착잡해졌다. 왜 지상에는 두 가지가 동시에 존재하는 것인가. 전쟁과 평화, 자유와 억압, 환대와 냉대, 선과 악. 그리고 사람 마음에는 왜 두 가지의 대립된 감정이 동시에 일어나는 것인가. 사랑과 미움, 아름다움과 추함.

바오로 사도 시대의 이코니온에서도 같은 상황이 예외 없이 발생했다. "그 도시 사람들이 둘로 갈라져, 한쪽은 유다인들의 편을 들고 다른 쪽은 사도들의 편을 들었다."(사도 14,4)

나라와 국민, 교회와 수도회가 편이 갈라져 대립하는 경우가 흔하다. 심각한 것은 나의 마음 또한 둘로 분열되는 경우가 부지기수라는 점이다.

예를 들면, "토마스, 별일 없어?" 이런 인사를 동료 형제로부터 받아도 그날그날 나의 마음 상태에 따라 그 인사말이 내게 힘을 주기도 하고 반대로 맥 빠지게도 한다. 고백하건데 내 마음은 늘 갈라졌었고 글을 쓰는 지금도 두 마음이 대립되기도 한다. 사실 나도 잘 모른다. 수도원 안에서 자주 체험하는 일이다. 어떤 날은 매일매일 마주치는 동료가 사랑스러워 무엇인가 베풀고 싶은 마음이 생기다가 다른 날에는 꼴도 보기 싫을 때가 있다는 것이다. 문제는 이런 안 좋은 마음으로는 나의 선교 사명이 기쁘게 이루어지지 않는다는 것이다. 나의 선교 사명이 '유리 같은 믿음'처럼 느껴진다. 깨지기 쉬운 믿음은 튀르키예 이코니온의 겸손하고 가난한 다섯 신자들의 발아래 한없이 부끄러워질 뿐이다.

사랑의 마음, 배려, 용서가 절실히 필요한 지금 나는 사부 바오로께서 보여 주신 모범을 기억했다. 그것은 항구함이다. 자신의 모습과 현실을 직시하고 받아들여 자신의 목적의식을 되새기고 전진하는 것이다. 돌에 맞아 죽을 뻔한 이곳 이코니온을 떠나 사도들은 다른 도시로 가서 복음을 전했다. "바오로와 바르나바는 그 일을 알아채고 리카오니아 지방의 도시 리스트라와 데르베와 그 근방으로 피해 갔다. 그들은 거기에서도 복음을 전하였다."(사도 14,6-7)

사도들은 어려움에 직면하여 결코 포기하는 법 없이 자신들의 사명을 끝까지 수행한다는 것이다. 이코니온의 바오로 기념 성당에서 다시 한 번 나의 사명과 목적의식을 잊지 않도록 마음을 추슬러 본다. 흔히 인생을 마라톤에 견준다. 달리다 지쳐 쓰러지면 다시 일어나 걸으리라. 어리석음으로 선교 사명과 목적의식을 잃어버리지 않도록 다시금 마음을 가다듬는다.

우리에게는 무척 생소한 이슬람교의 메블라나 신비주의 종파의 시를 한 편 읽는다. 튀르키예 사회의 이념이기도 한 관용에 대한 시다.

"오라, 오라, 당신이 누구든, 이교도든, 이단자든, 불을 신종하는 자든 오라, 우리 수도원에 절망이란 없다. 수없이 맹세를 깨고 수없이 많은 후회를 했다 해도 오라, 다시 오라!"

미지근한 신앙을 야단맞다
라오디케이아

"너는 차지도 않고 뜨겁지도 않다. 네가 차든지 뜨겁든지 하면 좋으련만! 네가 이렇게 미지근하여 뜨겁지도 않고 차지도 않으니, 나는 너를 입에서 뱉어 버리겠다!"(묵시 3,15ㄴ-16)

다시금 나를 채찍질하는 말씀이다. 지금부터는 신약성경 요한 묵시록에 등장하는 그리고 초대 그리스도교가 크게 확장되는 데 큰 역할을 한 일곱 교회! 그중에서 오늘 방문할 곳은 '라오디케이아' 교회다.

말씀은 그 어느 때보다도 엄중하다. 당시 라오디케이아는 지역적 특성의 유리함으로 요즘 말로 하면 무역업, 의류 제조업과 고대 의학 특히 안약 등이 유명했다고 한다.

경제적인 풍요로움 때문인지는 모르나 이곳 신자들은 크게 질책을 받는다. 그렇다면 라오디케이아 신자들은 무슨 특별한 잘못이나 죄를 저지른 것일까? 해답을 찾기 위해 성경을 아무리 찾아봐도 처음에는 이곳 교우들이 크게 혼이 날 이유를 찾지 못했다. 하지만 렉시오 디비나를 통해 성경을 천천히 읽다 보니 알 것 같다. "사실은 비참하고 가련하고 가난하고 눈멀고 벌거벗은 것을 깨닫지 못한다."(묵시 3,17) 말씀은 또 다시 그들을 질책한다. 신체적으로는 멀쩡한 눈을 가졌고 물질까지도 풍족했지만 영성적으로는 눈이 먼 것이었다. 물질적으로 풍부하

: 라오디케이아의 옛 교회의 썰렁한 잔해와 예쁜 봄꽃이 대조적이다.

고 육체적으로 너무나 안락함에 안주하다 보니 하느님과의 약속인 신자 본연의 의무에 충실하지 못했던 것이다. 하느님의 아들딸들은 언제나 영적으로 모든 것을 받아들이고 살고 전해야 하는 것 아닌가? 라오디케이아 교회의 구성원들은 강한 믿음과 함께하는 박해와 시련을 알지도 깨닫지도 못했던 것이었다. 그래서 하느님은 묵시록의 저자를 통해 해결 방법까지 친절히 제시하신다. "나에게서 불로 정련된 금을 사서 부자가 되고, 흰옷을 사 입어 너의 수치스러운 알몸이 드러나지 않게 하고, 안약을 사서 눈에 발라 제대로 볼 수 있게 하여라."(묵시 3,18)

금은 엄청난 온도로 단련되어야만 한다. 여기서 말하는 금은 고통을 통한 단단한 믿음이다. 흰옷이란 헌 옷을 벗고 새로운 옷으로 갈아입음, 즉 새로운 인간, 회심을 의미한다. 마지막으로 안약은 하느님의 눈으로 볼 줄 아는 것이다. 부모가 자식들에게 회초리를 들며 엄하게 꾸짖고 나서 다음날 촉촉히 젖은 눈으로 상처 난 종아리에 약을 발라주며 사랑을 표현하듯 라오디케이아 신자들에게 보내는 말씀에서도 동일한 상황이 벌어진다. "내가 사랑하는 사람들을 나는 책망도 하고 징계도 한다."(묵시 3,19)

선교에 대한 우리나라 가톨릭 신자들의 태도에 대해 타 종교인들의 의견을 가끔 듣는다. 기분 좋은 이야기는 아니다. "천주교는 참 점잖은 종교인가 봐! 자기들 교회에 좀 오라는 이야기나, 자기들 종교에 대해 말하는 것을 단 한 번도 들어본 적이 없어!" 우리 가톨릭의 미지근한 태도를 비판하는 시대는 우리 세대에서 그만 청산해야 하지 않

: 당시 교회의 규모를 짐작케 해 주는 라오디케이아 교회 터와 기둥들.

을까? 교회 내의 모든 구성원들 즉, 뜨겁지도 차지도 않은 미지근한 평신도, 수도자, 성직자들이 모두 반성해야 할 것 같다.

흔히 결혼 생활에 권태기가 찾아오는 것처럼 수도 생활도 비슷하다. 18년이 넘은 나의 수도 생활도 - 브라질에서도 한국에서도 - 그야말로 뜨겁지도 차지도 않은 시기가 있었다. 브라질에서 나의 별명은 여러 가지였다. 그 중 하나가 디씨오나리오 김 Dicionario Kim(김 사전이란 뜻)이다. 처음 3년 정도는 기본 생활과 선교를 위해 필수인 언어 습득을 위해 사전을 늘 끼고 다녔기 때문이다. 심지어는 한국인과의 대화를 자제하고 한국 방송과 책까지 피했다. 정말 뜨겁게 공부했는데 시간이 흐르고 한국에 돌아올 쯤에는 너무나 미지근하게 변해 버렸다. 그 전의 열정이란 온 데 간 데 없었다. 언제부터인가 내 사전에 뽀얀 먼지가 쌓이기 시작했다. 그래서 하느님은 나에게 아니 우리에게 권고하며 강조하신다.

"그러므로 열성을 다하고 회개하여라."(묵시 3,19) 그것은 우리의 최종 목적지에 도달하기 위해서일 것이다. "승리하는 사람은 내 어좌에 나와 함께 앉게 해 주겠다."(묵시3,21) 우리는 지금 마라톤에서 승리의 월계관을 얻기 위해 최선을 다해 달음질을 하고 있는지 스스로에게 가끔 물어볼 필요가 있지 않을까? 뜨거운지 찬지 아니면 미지근한지를….

이제는 옆구리에 사전 대신 체온계를 꽂고 수시로 온도를 재어 봐야겠다. 하느님께 대한 나의 열정이 뜨거운지 찬지 아니면 미지근한지를 말이다.

첫사랑을 잃다
에페소

'매일의 아침은 부활입니다.'

부활 같은 아침을 튀르키예에서 맞이한다. 오늘 순례할 곳은 요한 묵시록의 일곱 교회 중 하나인 에페소. 고대 에페소는 튀르키예의 가장 유명하고 중요한 순례지요 관광지이기도 하다. 사도 바오로는 이곳에서 2년 3개월이나 머물면서 선교했다고 전해 온다. 지금은 전 세계에서 온 헤아릴 수 없는 순례객들이 에페소의 길을 걷고 있다. 성모님의 집과 성 요한 성당 등이 있는 도시!

칭찬은커녕 오로지 꾸중과 질책만을 받는 라오디케이아 교회와는 달리, 에페소 신자들에게 보낸 서간에서는 꾸중과 칭찬이 동시에 나타나 있는 것을 발견할 수 있다. 칭찬은 무엇인가? 에페소 교회가 악한 자들을 용납 안 하는 일을 칭찬하시고 교회 신자들의 노고와 인내를 격려하시는 것이다(묵시 2,2). 꾸중은 '첫사랑'을 잃어버린 데 대한 것이다. 에페소는 처음에 지녔던 사랑을 저버렸던 것이다. "너는 인내심이 있어서, 내 이름 때문에 어려움을 겪으면서도 지치는 일이 없었다. 그러나 너에게 나무랄 것이 있다. 너는 처음에 지녔던 사랑을 저버린 것이다. 그러므로 네가 어디에서 추락했는지 생각해 내어 회개하고, 처음에 하던 일들을 다시 하여라."(묵시 2,3-5)

첫사랑, 처음에 지녔던 사랑만큼 간절한 사랑이 있을까? 이번 바오로 로드의 여정에 참여하기로 결심한 이유 또한 '첫사랑'이었다. 사부를 따라 길을 걸으며 하느님께 고백한 첫사랑을 찾기 위한 순례였던 것이다.

수도 생활을 시작하던 시절, 나는 성인^{聖人}이 되겠다는 당찬 꿈을 가졌다. 거룩하고 위대한 성인이 되겠다는 그래서 열심히 살아 보겠다는 어린 수도자의 야무진 포부, 내 첫사랑은 그렇게 시작되었다.

: 에페소 교회의 유적. 당시의 웅장함과 화려함을 엿볼 수 있다. 아르테미스 신전, 노천극장 그리고 성 요한 성당과 성모 성당(성모의 집) 등이 남아 있다.

1992년 청원기 때였던가. 모든 일상을 거룩하게 보내려고 노력했던 기억이 떠오른다. 심지어 잠꼬대로 성가를 부르는 바람에, 기도 시간에 늦은 줄 알고 놀란 형제가 벌떡 일어나 성당으로 달려가는 해프닝도 있었다.

　미사와 공동 기도 시간에 열정을 다해 그분께 기도했었다. 그렇게 열심히 살았을 때는 하느님 체험도 몇 번 했다. 1993년 수련자 시절, 성무일도 중에 나는 소리 없이 흐느껴 울었다. 성무일도 찬미가를 노

: 에페소의 원형 음악당. 음악당 중앙에 서서 노래를 하면 멀리서도 다 들을 수 있다고 한다. 당시의 건축 기술 수준을 짐작케 해 주는 대목.

래하다 기뻐서 눈물이 났고 하느님의 사랑, 용서를 직접 몸으로 체험했던 것이다. 그 찬미가를 지금도 기억한다. '영원을 생각 않는 인간이라면 제 몸을 죄악에다 묶고 마오니 이 영혼 죄의 짐을 벗어던지고 생명의 은총 안에 살게 하소서…. 성자와 우리 도움 성령과 함께 세세에 왕 하시는 아버지시여, 사랑이 지극하신 하느님이여 눈물로 비는 기도 들어주소서!'

열심히 살았던 이유는 단 하나였다. 성인이 되어야 한다는 것! 내 안에 그리스도가 형성될 때까지, 달릴 길을 다 달려야 한다는 것! 하지만 지금의 나는 달라졌고, 그때의 첫 마음을 잃어버렸고 현재 내 마음 안에는 수만 가지 인간적 잡동사니가 가득 차 있다. 그리스도라는 좋은 뿌리가 자리 잡은 것이 아니라 지극히 육적이고 인간적인 가치들로 가득 찬 내 모습!

왜 많은 사람들이 초심을 잃어버리고 방황하는가? 나의 사부 바오로께서는 어떠셨을까? 바오로 역시 위대한 성인이면서 한편 나약한 인간이셨다. 얼마나 많은 약점을 가지고 계셨을까? 불같은 성격으로 인한 인간적 실수, 고집. 그러나 내가 아는 그분은 한평생 한결같은 마음을 잊지 않으셨다. 그의 마음은 그리스도 한 분께로만 향하였고 전 생애 동안 그분께 고정되어 있었다. 그래서 그리스도 이외의 다른 것들은 그 무엇이라도 모두 쓰레기로 여기셨다. 변하지 않은 것은 그리스도께 대한 오롯한 마음, 그것뿐이었다.

부끄러웠다. 파란 구름 한 점 없는 하늘을 보고 '하느님의 피조물이구나.'라며 무릎을 치고, 수도원에서 아침잠을 깨우는 참새와 뻐꾸기

: 에페소에 있는 성모 성당(성모님께 봉헌된 교회 최초의 성당임). 외벽에 수많은 신자들의 염원을 담은 기도문 쪽지들이 꽂혀 있다.

소리에 감사했는데….

첫사랑을 안고 시작하는 수도자의 하루는 다른 이의 눈에는 보잘것없을지도 모르지만 내게는 거룩했다. 수도자라면 사도직이 단순한 일이 될 때의 괴리감을 느껴본 적이 있을 것이다. 첫사랑을 잃은 마음으로 행하는 모든 사도직은 일을 위한 '일'일 뿐이다.

도서 선교를 하고 있는 성바오로수도회 수도자들은 매주 신심 서적을 신자들에게 판매(?)하고 있다. 끼니를 김밥과 라면으로 때우고, 승합차에서 새우잠을 자며 고생하는 우리들의 모습은 남들이 보기에 그저 일반 회사의 영업 사원과 다를 바 없을지도 모른다. 그러나 때로는 힘들지만 첫사랑의 마음을 생각한다면 도서 선교는 우리에게 주어진 '기쁜 사명'이다. 우리들의 사부 바오로 또한 부르튼 발을 부여잡고 천막 장사를 하며 '기쁜 소식'을 전하러 다니지 않았던가?

여러분들은 첫영성체 때의 설레는 마음 그대로 성체를 모시고 있는가 묻고 싶다. 주일마다 의무적으로 아무 생각 없이 영성체를 하지는 않는가? 그렇다면 여러분도 '첫사랑'을 잃었다.

보고 있어도 보고 싶은 그대, 세상 끝까지 나를 믿어 주는 그대. 내 몸 하나 다 내어 주어도 아깝지 않을 그대. 그대의 이름은 '주님'이시다.

"주님, 당신께 대한 첫사랑을 변치 않게 하소서."

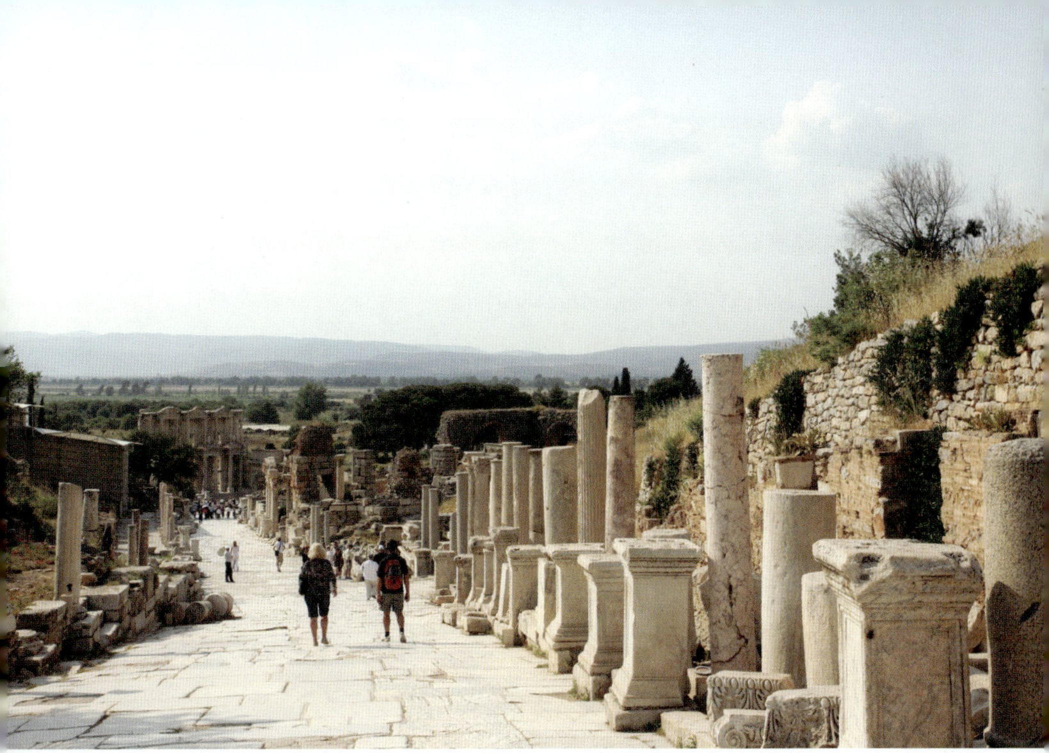

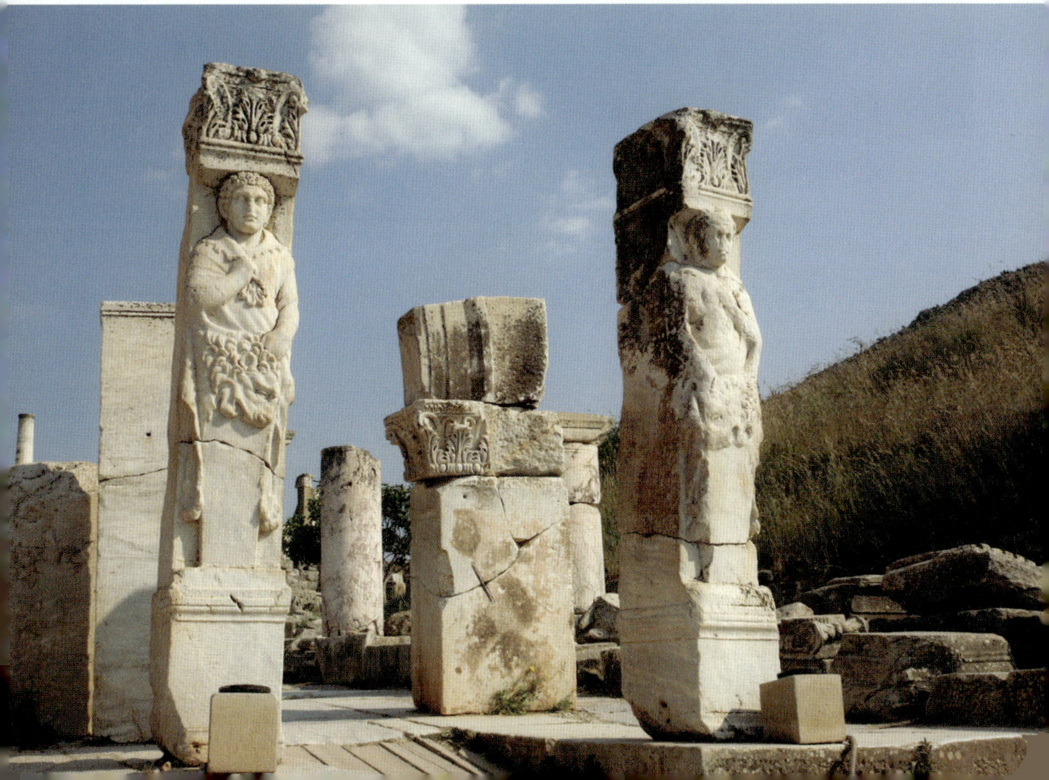

'하느님께 충성!'을 다짐하다
스미르나

죽을 때까지 충실하여라.

튀르키예에 온 지도 일주일이 지났다. 누적된 피로 탓일까, 어제는 미열이 오르고 오한이 찾아왔다. 일찍 잠을 청한 덕에 오늘 몸 상태는 다행히 좋아졌다.

더 나은 순례 이야기를 독자들에게 전하라는 하느님의 섭리다. 튀르키예에서 일주일의 시간을 보내고 나니 이제는 새벽마다 크게 울리는 아잔 소리에도 웬만해서는 잘 잔다. 얼굴도 검게 그을려 튀르키예인이 된 듯하다.

오늘 순례할 곳, 스미르나 교회, 요한 묵시록에 나오는 일곱 교회 중 하나이며 현재는 튀르키예의 이즈미르Izmir에 해당된다. 스미르나 교회를 방문해 초대교회 교부였던 성 폴리카르포 주교 순교자 기념 성당에서 미사를 봉헌하니 참으로 감격스러웠다. 브라질 신학대학에서의 교부학 강의가 새삼스럽게 떠올랐다. 초대교회 교부들의 위대한 신앙에 대한 공부였는데 흥미진진함은 물론 경이와 감동의 연속이었다. 위대한 순교자 폴리카르포는 160년경 체포되어 총독으로부터 그리스도를 저주하라는 명령을 받자 당당히 맞서며 외쳤다. "그리스도를 섬긴지 86년이오. 그분이 제게 잘못하신 일이 단 한 가지도 없었소. 그

: 성 폴리카르포 주교 순교자 기념 성당 표지판. 폴리카르포는 '많은 열매'라는 뜻이다.

러니 저를 구원하신 제 주님을 어떻게 저주할 수 있겠소."(순교록 9,3)

스미르나 교회는 몸 둘 바 모르는 격려, 지지 그리고 칭찬까지 받는다. "나는 너의 환난과 궁핍을 안다. 그러나 너는 사실 부유하다. … 너는 죽을 때까지 충실하여라. 그러면 생명의 화관을 너에게 주겠다."(묵시 2,9-10)

우리는 잘 알고 있다. 물질적으로 지나치게 풍족하다 보면 영적인 빈곤함에 떨어질 수 있고, 심하게는 영적 타락에까지도 이를 수 있다는 것을. 그 반대로 물질적 궁핍은 오히려 영적 부유함을 가져다준다는 것을….

새 성경에는 '죽을 때까지 충실하여라.'라는 표현으로 되어 있지만 공동번역성경에는 '죽을 때까지 충성을 다하여라.'라고 번역되어 있다. 충성하면 떠오르는 단어는 바로 군대나 군인이다. 국가를 위해 충성을 다하기 때문이다. 폴리카르포 주교는 왜 총독의 명을 받들어 그리스도를 배반하지 않고 불구덩이 속에 들어갔는가?

수도자인 나는 만물의 근원이요, 사랑이신 그리스도 한 분만을 영원히 따르겠다고 공적으로 교회 앞에 서원하고, 현재까지 수도 생활에 나름대로 최선을 다하고 있다. 그런데 과연 온몸과 온 마음 그리고 온정신을 다해 그분께 충성을 다하고 있는지, 그분 한 분만을 바라보며 살고 있는지에 대해 자신 있게 '그렇다'라고 대답할 수가 없다. 수도회의 친한 동료 수사는 서품 제의에 '충忠'이라는 글자를 수놓아 평생 주님만을 섬기겠다고 다짐했고, 또 서로 만나면 "우리 끝까지 참고 살아 수도원에 같이 묻히자." 하고 자주 얘기하곤 했다. 하지만 살다

: 스미르나 교회의 성 폴리카르포 주교 순교자 기념 성당에서 미사를 봉헌하고 있다. 죽을 때까지 충성을 다한 성인의 삶을 본받자고 다짐해 본다.

보면 지쳐 어깨가 축 처질 때가 종종 있다. 그럴 때에는 둘만의 약속을 기억하며 중얼거린다. 그리고 서로 어깨를 두드리며 위로한다. 그분만을 위해 충성을 다하자고!

수도 생활을 선택한 많은 이들이 주님께 충성을 맹세한다. 참으로 거룩한 맹세가 아닐 수 없다.

현재 스미르나에는 교회 유적이 거의 남아 있지 않다. 다만 하느님께 충성을 맹세했던 스미르나의 성 폴리카르포 주교 순교자 기념 성당만이 세워져 있을 뿐이다. 충성이라는 말을 마음에 품고 성 폴리카르포 주교 순교자 기념 성당으로 발을 옮긴다. '죽을 때까지 충성을 다하라.'는 말씀이 새삼스레 가슴에 새겨진다. 수도 생활이라는 삶의 양식에도 특별한 희생이 뒤따른다. 성 폴리카르포 주교의 위대한 순교를 뒤따를 수 없을지라도 개인적인 욕구를 버린다는 것, 포기한다는 것이야말로 우리 수도자를 포함한 모든 신앙인에게 있어 또 다른 형태의 순교일 것이다. 이 욕구에 대한 포기는 하느님의 은총만으로 가능할 것이다. 이 은총으로 무장하여 주님께 끝까지 충성을 다하는 군인들이 될 것임을 다시 한 번 다짐해 본다.

"무엇이 우리를 그리스도의 사랑에서 갈라놓을 수 있겠습니까? 환난입니까? 역경입니까? 박해입니까? 굶주림입니까? 헐벗음입니까? 위험입니까? 칼입니까?"(로마 8,35)

정말 무엇이 우리를 그분과 갈라놓을 수 있을까? 무엇을 두려워할까? 우리가 죽을 때까지 하느님께 충성을 약속하면 하느님은 우리가 죽을 때까지 가장 큰 '힘'이 되어 주실 것이다.

"하느님께 대하여, 충성!"

: 튀르키예의 전통 요리 케밥과 현대식 호텔.

당신은 살아 있습니까? 죽었습니까?
사르디스

"너는 살아 있다고 하지만 사실은 죽은 것이다."(묵시 3,1)

묵시록에 등장하는 일곱 개의 교회 가운데 네 번째로 방문한 곳, 사르디스Sardis.

교회 터에 덩그러니 남은 기둥들은 다른 도시보다 유난히 더 웅장했다. 남아 있는 유적들로 봐서 그 당시 아르테미스 신전의 규모, 그 화려함과 거대함을 짐작할 수 있을 것 같다. 이 도시는 기원전 5-6세기에 아주 부강했고 난공불락의 요새와도 같았다.

초대교회 시절 이 사르디스 지역에서는 금이 많이 생산되어 시민들은 아주 부유했다고 한다. 이 교회는 박해도 받지 않았고, 이단의 방해도 없어 물질만능주의에만 푹 빠져 신앙이 성숙되지 않았다는 것이다. 그래서 묵시록의 저자로부터 "너는 살아 있다고 하지만 사실은 죽은 것."(묵시 3,1)이라는 강한 질책을 받게 된다.

그 옛날의 명성은 간데없고 지금은 초라하고 다 부서져 버린 이 사르디스의 교회 터를 바라보고 쓰러진 교회를 다시 일으켜 세워야 한다는 다짐을 새로이 하며, 살아 있다는 것과 죽어 있다는 것의 의미를 생각해 본다.

살아 있다는 것은 무엇을 의미할까? 오래전 함께 국내 성지 순례를 했던 진영에 사시는 작은 체구의 할머니가 생각난다. 할머니는 언뜻 보기에도 일흔을 훌쩍 넘긴 것처럼 보였음에도 불구하고 모든 면에 열심이셨다. 가이드의 설명에 깨알 같은 글씨로 메모하고, 순례지로 발길을 옮기는 걸음걸이에도 힘이 실려 있었다. 할머니라고 불렀다가 '자매'라며 혼쭐난 경험도 있었다. 인생을 참으로 멋지게 열심히 사시는 분이 아닌가? 말 그대로 살아 있음이다.

반면에 죽어 있다는 의미로 잘 아는 기업인의 예를 들 수 있겠다. 자수성가를 하여 남부럽지 않은 회사와 재산과 자녀 등 겉으로는 성공한 40대 중년 남성이다. 이 성공한 남자가 매일 운다. 특히 술이라도 한잔하면 엉엉 운다. 그의 어머니도 아내도 자식도 힘이 되지 못한다. 우울증이라고 한다. 생을 알 수 없는 허무, 인생무상 같은 부정적 단어들로 꽉 찬다고 한다. 술로 달래보고 술집 여자를 안아 보기도 하지만 해결이 되지 않는다. 칠순이 넘은 그의 어머니가 내게 기도 부탁을 한다. 아들이 술 좀 끊고 성당에 나가게 해 달라고. 죽어 있음을 보여 주는 슬픈 이야기이다.

이런 죽어 있다는 의미의 경험이 나 자신에게도 있다. 선교사로 당찬 포부를 가지고 지구 반대편 남미 브라질로 날아갔지만 언어에서 오는 어려움과 인간적 한계로 한동안 우울증에 빠졌다. 복음삼덕을 살겠다는 수도자가 우울증이라니…. 다행히도 동료 삼총사 수도자들의 응원과 기도 덕분에 훌훌 털어 버릴 수 있었다. 우울증에 빠지면 증세와 결과가 심각할 수도 있다. 살아 있지만 죽어 있는 것처럼 지낼 수도 있다. 이것은 삶의 의미를 상실한다는 것일 게다. 사르디스 교회가 우리 시대에 던지는 메시지는 실로 크다.

삶의 무게가 너무 버거워서일까? 지하철이나 버스 안에 무표정하게 앉아 있는 사람들을 본다. 살아 숨 쉬기는 하지만 정말 죽은 것과 같이 표정이 없는 사람들을 볼 수 있다. 우리는 삶의 의미를 스스로 부여하며 살아야 한다. 아침에 눈을 뜨며 첫 숨에 감사를 드릴 줄 아는 것도, 힘든 노동이나 사도직을 마치고 첫술의 밥에 창조주 하느님께 감사를 드리는 것도 삶의 의미를 깨달음이다. 우울증에 빠져 방안 이불 속에서 허우적거리다 창문을 통한 한줄기 빛에 희망을 찾는 것도 삶에 대한 또 다른 의미 부여이다.

삶의 의미를, 희망을 부여잡고 일어서 앞으로 나아가야만 한다. 어느 철학자가 대성당 공사를 위해 큰 돌들을 깨고 다듬고 있는 세 석공에게 같은 질문을 던졌다고 한다. "당신은 지금 무엇을 하고 있습니까?" 첫째 석공은 "나는 그저 돌을 깨고 있을 뿐입니다."라고 대답했고, 둘째 석공은 "나는 가족들을 위해 돌을 부수고 있어요."라고 했다. 반면 셋째 석공은 "나는 지금 대성당을 세우고 있습니다."라고 대답했다. 첫째 석공이 삶을 아무 의미 없이 사는 사람이라 한다면, 둘째 석공은 가족의 생계만을 생의 전부라고 여기는 사람이고, 셋째 석공은 자신의 존재 이유 위에 좀 더 차원 높은 의미를 부여하며 투신하는 사람이라고 할 수 있다.

우리 그리스도인들은 셋째 석공처럼 살아야 한다. 죽은 삶을 살지 않기 위해서 부단히 노력해야 한다. 우리의 내면을 그리스도화하여야 하는 것이다. 그리스도화라는 것은 자연적 가치 즉 인간적 욕구, 감정

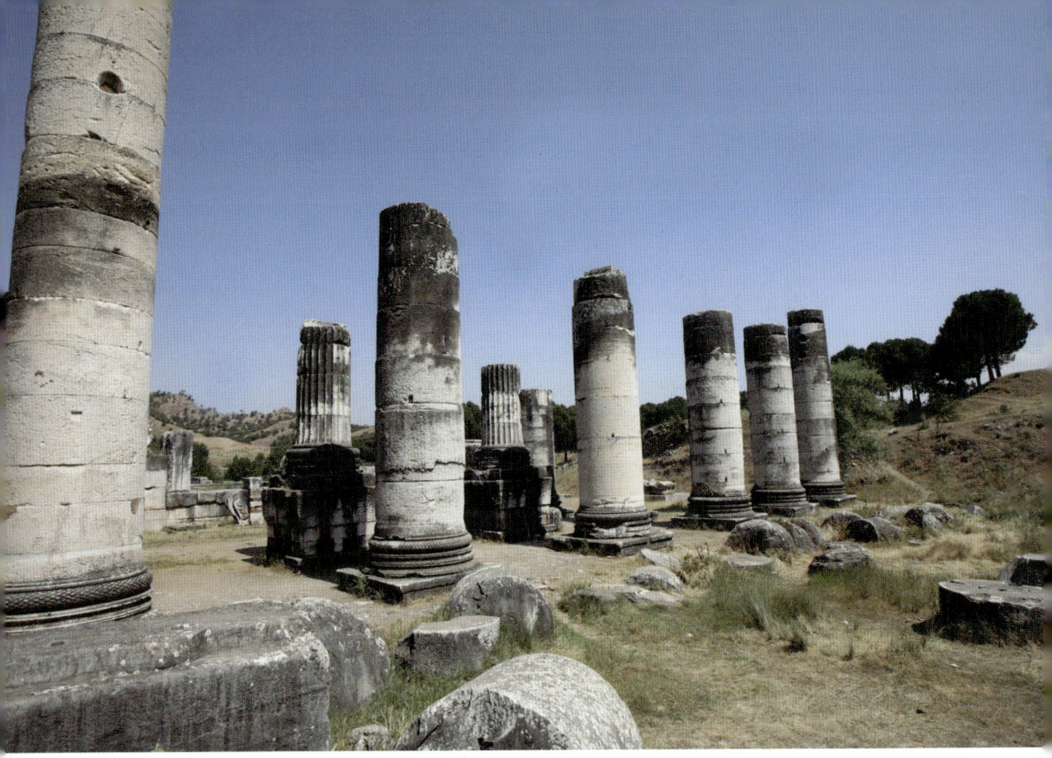

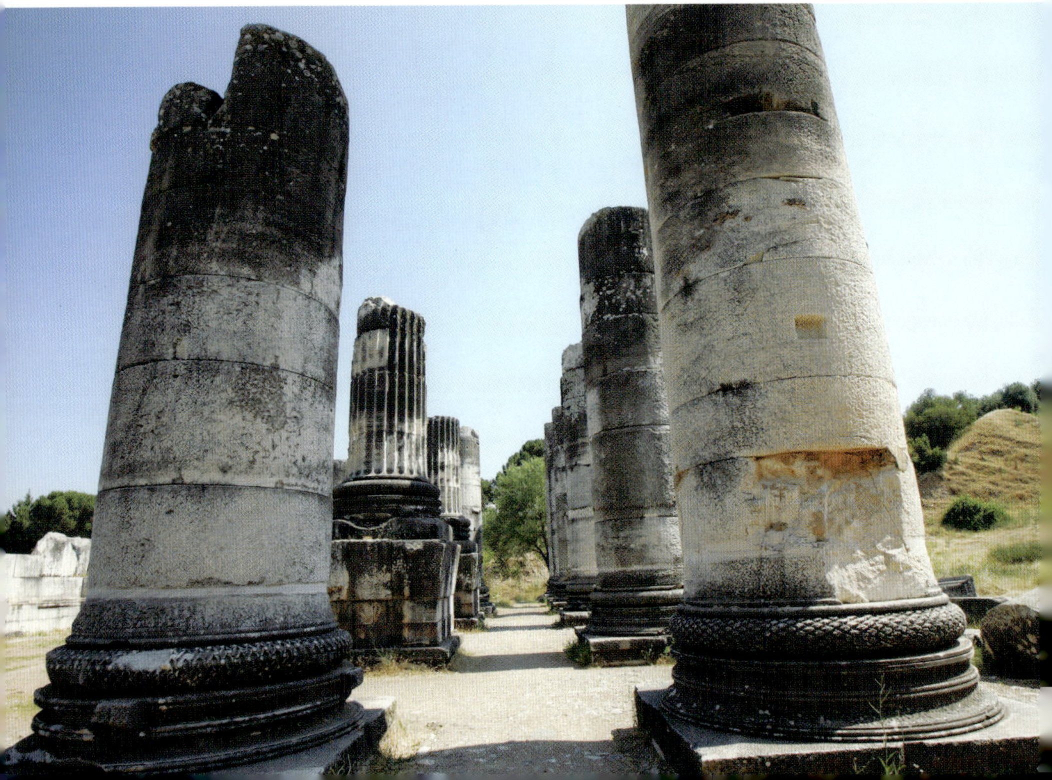

대로만 움직이는 것이 아니라 초자연적 가치로, 그리스도라는 강력한 무기로 우리 내면을 무장해야 한다는 것이다.

사르디스 교회 순례 후 오랜만에 튀르키예의 한국 식당에서 한식을 먹으면서 또 튀르키예의 특산물인 체리 열매를 따먹으며 좋은 미각과 후각을 주신 창조주께 감사한다. 사르디스의 튀르키예 여자 어린이가 손을 흔들어 준다. 이 모두가 하느님이 오늘 내게 마련해 주신 '소중한 것들' 이라는 생각을 해 본다. *"그분은 만물 위에, 만물을 통하여, 만물 안에 계십니다."*(에페 4,6) 쓰러져 버린 사르디스 교회 터를 자유롭게 날아다니며 노래하는 새들을 바라보며, 이 교회를 다시 세울 수 있다는 희망을 생각한다.

오늘날 나의 우상을 말하다
페르가몬

'나의 뜻을 없이 하시고 당신 뜻으로 채우소서.'

뜨거운 태양은 여지없이 이글거리며 이곳을 지나는 나를 태우고 대지를 뜨겁게 달군다. 무성한 잎을 자랑하는 올리브 나무의 그늘과 물 한 모금이 생각나는 순간, 한국 시골의 벼처럼 사방 어디에도 흔히 보이는 올리브 나무 그늘 아래서 멈춘다. 시원한 나무 그늘 아래서 땡볕을 피하다가 '바오로 사도도 이렇게 쉬어갔겠지.' 하는 생각을 했다.

요한 묵시록에 다섯 번째 교회로 등장하는 페르가몬 Pergamon 은 당대 문화의 중심 도시였다. 이곳 페르가몬 지역 도서관에는 약 20만 권의 양피 두루마리가 소장되어 있었다고 전해 온다. 이 양피지라는 말에서 도시 이름 '페르가몬'이 유래했다고 한다.

눈앞에 펼쳐진 아크로폴리스 Acropolis 나 사도 요한 성당 등이 아주 높은 산꼭대기에 위치하고 있는 것이 다른 도시와 구별된다. 워낙 고지대에 위치하다 보니 식수를 원활하게 공급하기 위해 수로나 수관, 저수장 등을 설치했던 흔적을 볼 수 있다. 이곳 페르가몬 고지대 주민을 위해 수로가 절대적으로 필요한 것처럼 예수님을 따르는 우리는 그분에게 시선을 고정해야 할 필요가 있다. 하느님 사랑의 눈길이 나를 향해 있듯이 나도 시선을 예수님에 맞추어서 살아가고 있는가?

: 요한 묵시록에 나오는 일곱 개의 그리스도 공동체 중 하나. 요한 묵시록 2장 13절에 사탄의 권좌라는 말이 나오는데, 이는 고지대에 세워진 아우구스투스 신전 또는 제우스 신의 제단일 것이라고 여겨지고 있다.

페르가몬 교회. 이 교회는 하느님께 시선을 고정하지 않고 다른 것에 집중했다. 우상을 섬기다 못해 다른 나라에서 우상을 수입해서까지 섬겼다는 '페르가몬' 사람들. 묵시록의 저자에게 '사탄의 왕좌가 있는 곳'이라는 엄중한 꾸짖음을 당할 만하다.

"너에게 몇 가지 나무랄 것이 있다. 너에게는 발라암의 가르침을 고수하는 자들이 있다. 발라암은 발락을 부추겨, 이스라엘 자손들 앞에 걸림돌을 놓아 그들이 우상에게 바친 제물을 먹고 불륜을 저지르게 한 자다."(묵시 2,14)

우상을 섬겨 야단맞은 교회. '우상을 섬기다니….'라며 혀를 끌끌 차다 불현듯 우리도 '우상을 섬기고 있지는 않나?'라는 의문이 생겼다. 우상이란 하느님 이외에 인위적으로 만들어 놓은 신의 형상이다. 그렇다면 우리에게 우상은 어떤 것일까? 점, 미신 행위 등 우리가 단순히 생각하는 '우상'만이 아니다. 내 안에 숨은 집착과 욕심, 나를 앞세우는 마음이 우리에게는 우상의 다른 이름이 아닐까?

'아버지의 뜻이 하늘에서와 같이 땅에서도 이루어지소서!'

그렇다. 아버지의 뜻이 중요한 것이고, 먼저이다. 그러나 우리는 아버지의 뜻을 먼저 구하기보다는 우리의 뜻이 이루어져야 한다고 고집하면서 기도할 때가 얼마나 많은가! 그분의 뜻이 아닌 내 뜻이 앞서야 한다고 고집하는 것은 하느님께 대한 강요일 것이다. 나의 필요나 집착에 의해 만들어지는 하느님, 어떤 것보다 내가 우선되어야 한다는 잘못된 자기 집착은 잘못된 신앙관에서 나온다. 이런 자세로 살아가는 우리는 유혹이 올 때 고꾸라진다. 달콤한 유혹의 탈을 쓴 우상이 덤벼들었을 때, 우리는 번번이 넘어지고 마는 것이다.

가슴에 손을 얹고 내가 섬기는 우상은 무엇인지 살펴보자. 술, 돈, 도박, 오락, 동료에 대한 험담, 첨단기기를 우상으로 섬기지는 않는가? 내가 힘들 때 찾게 되는 무언가가 '하느님'이 아니라 술이나 돈, 다른 즐거움의 대상은 아닌지 살펴보아야 한다. 우리 마음이 조용히, 조용히, 보이지 않는 수많은 우상들에게 잠식되어 가고 있는지도 모르니 말이다.

예수님을 따르기로 한 우리의 삶은 세상의 삶의 방식과는 좀 달라야한다. '사랑'이라는 그리스도의 가르침을 충실히 따르며 그래서 어리석은 우상 놀음에 빠지지 않고 그분만을 바라보며 닮아 가도록 노력해야 한다.

우리의 사부이며 모범이신 사도 성 바오로의 삶을 돌아보며 우리는 무엇을 포기하고, 어떻게 살아야 하는지를 알 수 있다. 그분이 세세대대 기억되는 것은 수많은 역경과 유혹이 있었음에도 불구하고 하느님 한 분에게 꽂힌 사랑의 시선, 고정된 시선이 있었기 때문이다.

김동주 토마스 수사, 나 자신부터 바오로 사도와 닮은 삶을 살기 위해 열심히 노력해야 하겠다. 팍팍한 세상, '돈'을 우상으로 섬기는 세상 속에서 그리스도를 닮기 위해 애쓰는 우리들의 노력은 우리들이 사라짐과 동시에 흔적이 없어질지도 모른다. 하지만 우리의 작은 노력이 우상을 섬기는 이 시대에 한 줌의 소금 역할을 할 수 있기를 빌어 본다.

"사실 나에게는 삶이 곧 그리스도입니다."(필리 1,21)

AKHISAR (THYATERIA) TEPE MEZARLIĞI RUIN II-VI CENTURY BAZILIKA

The ruins which was revealed as a result of the excavations, do[es] Akhisar (Thyateira) ancient town in 1974-1975 ; it was seen in many wes[t] south west Anatolian ancient cities in Roman Empire Period, a street surrounded with the pillars on both sides of it and a colossal constructio[n] the abscissa and various functional size stretching in the west side [of] street.

The North-South location and going in to the Acropolice of the a[ncient] town, the road has got Ion and Korint style heads and it is told in the a[ncient] sources that the road which has a hundred pillars decorated with 25 ere[ ] the road which is known as Hekatonstyle to the abscissa constructi[on] the enterance is between the double pillars and the two postament. The colossal construction which was done in the late Roman Age with plaster is constructed with the central navé and related places

The construction which is thought as a church according to the nation[al] and foreign aut horities is mostly like Basilica+Agora

오늘날 거짓 예언자 이제벨은 누구인가?
티아티라

내 마음 안에 '선과 악, 사랑과 미움 천국과 지옥'이 있다.

튀르키예의 아이들이 몰려왔다. 작은 아이들은 작은 아이들대로, 큰 아이들은 큰 아이들대로 짧은 영어로 말을 걸어온다. 사진기를 들이대며 함께 사진을 찍자고 하기도 하고, 사인까지 받아가기도 한다. 성바오로수도회 수사인 나를, 한국에서 온 영화배우(?)로 착각하는 것 같다. 선글라스를 쓰고 웃음을 지었더니 '재키찬(성룡)'이란다. 순례하는 한국인들이 그들에게는 마냥 신기한가 보다. 무너진 교회 터 앞에서 기도를 드리고 있는데 작은 꼬마가 내 모습을 물끄러미 바라본다.

요한 묵시록의 여섯 번째 교회인 티아티라Thyatira 교회는 다른 묵시록 교회 터에 비해 더 볼품이 없다. 여기저기 너부러진 교회 건물의 조각조각들, 육중하지만 볼품없고 멋없는 기둥들, 아무도 돌보지 않는 적막한 벌판의 이름 모를 잡초들만이 뜨거운 태양을 견뎌 내며 돌바닥 사이로 간신히 생명을 유지하고 있다. 솔직히 처음에는 이 쓸쓸한 비잔틴 시대 성당의 초라한 잔해만으로는 사도 바오로의 흔적을 감지할 수 없었다. 그래서 무엇인가 찾아 볼 마음으로 주머니 속의 미니 성경을 펼쳤다. 사도행전의 바오로 전도 여행 부분이 눈앞에 펼쳐졌다. '티아티라'라는 도시는 하느님을 열심히 섬기고 나아가 2차 전도 여행(50-52년경) 중이던 사도 바오로 일행을 환대했던 리디아라는 자색 옷감 장수의 출신지라고 전해온다(사도 16,11-15).

"너는 이제벨이라는 여자를 용인하고 있다. 그 여자는 예언자로 자처하면서, 내 종들을 잘못 가르치고 속여 불륜을 저지르게 하고 우상에게 바친 제물을 먹게 한다."(묵시 2,20)

티아티라의 거짓 예언자 이제벨의 의미를 지금 여기서 어떻게 생각할 수 있을까? 그리스도인의 생활을 방해하는 한 요인일 것이다. 아주 달콤하고 뿌리칠 수 없는 유혹 중의 유혹이다. 현세의 짜릿하고 거

부하기 어려운 유혹, 즉 우리가 종종 말하는 마음속의 '악마'이다. 성경 속의 이제벨이라는 실체가 즉 사탄이기 때문이다. 유혹이 심해지면 영적 또는 육적 죽음에까지 도달하기도 한다. 이 티아티라 교회는 이런 유혹에 맞설 힘이 없는, 준비가 안 된 상태였기에 하느님으로부터 호된 꾸중을 듣는 것이다. 하느님은 이 타락한 교회가 다시 돌아서기를 바라신다. 깨끗한 교회로 다시 거듭나기를 즉 회개를 원하신다.

지금 우리에게 있어서의 악마는? 세상 속의 악마는? 돈, 권력, 최고급 아파트, 술, 음해와 험담, 비정상적인 이성 관계 등등. 그러나

: 사도 바오로가 필리피 교회에서 첫 번째로 입교시킨 리디아 부인이 이곳 티아티라 출신이다. 자색 옷감 생산지로 유명한 곳이기도 하다.

제일 중요한 악마는 분열과 분별력의 부족이라고 생각한다.

최근에 와서 여름 휴가철이나 단풍철에는 주일미사 참례 신자 수가 격감한다고 사목자들이 걱정을 한다. 하느님을 위해서 달콤한 세상의 수많은 유혹을 포기하고 그분의 길에 동참한다고 약속했지만 정말이지 세상이 주는 화려함과 즐거움의 유혹을 뿌리친다는 것은 쉽지 않은 일이다. 그렇다. 유혹은 정말 가까운 곳에 우리와 함께 있다. 내 마음 안에, 우리 마음 안에 있는 것이다. 내 마음 저 깊은 곳에 또 하나의 달콤한 유혹, 즉 거짓 예언자 이제벨이 있음을 인정하고 싶다. 내 마음 안에 선과 악이 끊임없이 대결하고 있음도 알 수 있다.

수도원 형제들과 어느덧 거의 이십여 년을 함께 살아오면서 당연히 친형제들보다 더 많은 시간을 보낸다. 수도원 형제들과 어떤 날은 환하게 마음이 열린 상태로 지낸다. 하지만 어떤 날에는 그 형제가 보기도 싫고 말을 걸기조차 싫을 때가 있다. 내 마음 안에 있는 분열일 것이다. 선과 악, 사랑과 미움, 천국과 지옥, 천사도 마귀도 모두 내 마음 안에 함께 있기 때문이다. 이럴 때 올바른 분별력이 필요한 것 같다. 여기서 조금 잘못했다가는 공동체의 분열을 일으킬 수도 있는 것이다. 지금 이 시간과 공간이 세상 그 어느 것도 부러울 것 없는 천국이 되는 것도, 이 자리가 지옥처럼 숨 쉴 수 없는 지옥이 되는 것도 내 마음먹기에 달려 있다는 것이다.

하느님은 사랑이시다! 우리가 잘하거나 잘못하거나 은총 속에 있거나 죄의 상태에 있거나 우리를 잘 아시고 사랑으로써 기다려 주신다. 우리가 깨닫기를, 회개하기를, 마음이 돌아서기를….

하느님은 자비이시다. 우리가 거짓 예언녀 이제벨의 말에서 벗어나기를, 새로 나기를 기다리고 또 기다리신다.

정말 새로 나기를 원하는가. 주님께서는 우리 각자의 엄중한 결단을 요구하신다. 무너져 내린 티아티라 옛 교회 터지만 돌바닥과 돌기둥 사이사이, 무명초가 끈질기게 생명을 부지하는 이유를 조금은 알 수 있을 것 같았다.

"죄가 많아진 그곳에 은총이 충만히 내렸습니다! 은총이 우리 주 예수 그리스도를 통하여 영원한 생명을 가져다주는 의로움으로 지배하게 하려는 것입니다."(로마 5,20-21)

사랑하는 나의 형제들
필라델피아

'주님께 이르는 길 형제와 함께 가리.'

필라델피아를 향하는 차창 밖으로 지팡이를 든 양치기와 양 떼가 스쳐간다. 양 떼를 몰아가는 양치기의 모습이 예수님의 모습을 꼭 닮았다. 반가운 마음에 양치기에게 손을 흔들자 그도 손을 흔들어 준다.

요한 묵시록에 나오는 마지막 일곱 번째 교회, 필라델피아. 필라델피아에서 나는 마음이 떨리는 것을 느낀다. 이곳은 특별한 형제애로 기억되며 오로지 칭찬만을 받았던 곳이다. 무엇 때문에 칭찬을 받았을까? "너는 힘이 약한데도, 내 말을 굳게 지키며 내 이름을 모른다고 하지 않았다."(묵시 3,8) 성경이 설명하듯 필라델피아 교회는 일부 유대인들의 반감 등 수많은 어려움이 있었으나 용감히 이겨 내었고 하느님의 말씀을 잘 지켰기 때문이다. 필라델피아 교회는 이런 어려움들을 혼자가 아니라 '함께 이겨 내지는 않았을까?'

필라델피아라는 뜻은 희랍어 필로스(사랑)와 아델포스(형제) 두 단어의 합성어이다. 이 말은 '형제애'라고 번역할 수 있다. 고대 그리스에서는 사랑을 세 가지 차원으로 나누었는데 첫째가 필로스다. 필로스는 친구 간의 사랑, 즉 우정을 말한다. 수도원의 형제들도 이런 종류의 사랑과 우정을 나누는 것이다. 친구나 동료 사이에 이루어지는 아름다운 사랑이다. 둘째는 아가페이다. 하느님의 인간에 대한 무조건적인 사랑이다. 하느님의 사랑은 조건 없는 사랑이다. 우리네 수도자들이나 평신도들도 쉽지는 않겠지만 아가페적인 사랑을 지향해야만 한다. 왜냐하면 그리스도를 철저히 닮겠다고 스스로 선택한 삶이니까…. 마지막 세 번째는 에로스이다. 남녀 간의 사랑을 말한다. 에로스를 죄악시해도 곤란하지만 남용이나 숭배 또한 곤란하다.

필로스인 형제애를 떠올리니 수도원 흙 마당의 물통 축구가 떠오르며 가슴이 설렌다. 아, 여행이 끝나면 바로 미아리 수도원에 달려가 흙먼지를 뒤집어쓰며 형제들과 뒤엉켜 공을 차고 싶다. 이미 적지 않은 나이가 되었음에도 아이 같이 천진한 웃음을 지닌 형제 수사들이 우르르 뛰어 나온다. 나의 가족, 나의 친구, 형제들이다. 이 순간만큼은 하나가 되어 뛴다. 앳되고 나이 어린 지·청원형제도 흰머리가 펄펄 날리는 고참 수사님도 모두 선수일 뿐이다. 승리의 골을 넣기 위해 함께 움직이며 호흡을 같이 한다. 경기 후에 마시는 얼음 냉수 한 잔은 세상 그 어느 것과도 바꿀 수 없는 행복이다. 모두가 정말 한 형제임을 느끼는 진한 감동의 순간이다.

형제애를 실천하기 위해서 먼저 해야 할 것이 있다. 그것은 바로 자기 사랑이다. 먼저 자신을 사랑하지 않고는 타인을 사랑하기 어렵다. 나를 사랑한다는 것은 나를 있는 그대로 인정하고 받아들이는 것이다. 나의 약점이나 추한 모습까지 말이다.

자신을 사랑하기 위해서는 하느님과의 사랑이 필수적이다. 수도원에서 제일 연세가 높으신 마리오 수사님은 미아리 수도원의 뒷동산에 포도밭을 가꾸신다. 달고 맛있는 포도를 수확하기 위해서 마리오 할아버지 수사님은 일 년 내내 땀을 흘리신다. 좋은 수확에는 세 가지가 절대적이다. 첫째 수분, 둘째 햇빛, 셋째가 농부의 관심이다. 부지런한 농부인 마리오 수사님의 포도나무에 대한 관심 즉 사랑이 없이는 풍성한 결실이 어렵다. 봄철의 가지치기는 하느님 사랑에 비유할 수 있다. 포도나무와 농부는 인간과 하느님을 상징한다. 포도나무가 농부 없이 제대로 성장할 수 없듯이 형제애에 필수인 자기애를 위해서는 농부로 상징되는 하느님의 존재가 절대적이다. 우리 그리스도인은 하느님과 연결고리를 놓아 버려서는 안 된다.

필라델피아 교회 터 안에 십자가가 새겨진 돌이 눈에 띄었다. 기둥 벽에는 희미하게 프레스코화 흔적이 남아 있다. 필라델피아 형제들의 '굳은 믿음'을 보여 주는 듯하다.

요한 묵시록의 일곱 교회 순례를 마무리하며, 모든 교회가 나, 아니 우리의 모습이었다는 생각이 들었다. 나 역시 라오디케이아의 미지근한 신앙을 닮았던 적이 있으며 스미르나처럼 하느님께 충성을 다짐하기도 했다. 에페소와 같이 초심을 잃을까 노심초사하고 오늘날 보이지 않는 다른 우상과 거짓예언자들을 섬기지 않는가에 대한 반성도 했다.

나는 교회다. 우리 모두는 하나의 교회다. 우리는 과연 칭찬을 받는 교회일까, 책망을 받는 교회일까. 칭찬을 받은 교회, 필라델피아. 그리스도인들은 이 교회처럼 끈끈한 형제애 안에서 하느님과의 연결고리를 놓아서는 안 된다. 자칫, 길을 잃고 방황하며 타락할 수 있기 때문이다. 목자 없는 길 잃은 양떼라고나 할까. 필라델피아에 도착하기 전 차창을 통해 보았던 양치기의 밝은 웃음이 떠올랐다.

필라델피아 교회 터를 바라보며 다짐한다. 나 자신과 형제에게 솔직해져 자신을 사랑하고, 형제를 사랑하여 훗날 하느님께 영원한 칭찬을 받고 싶다고. 아, 수도원에 있는 나의 형제들이 보고 싶다.

"형제애에 관해서는 누가 여러분에게 써 보낼 필요가 없습니다. 여러분 자신이 하느님에게 서로 사랑하라는 가르침을 받았기 때문입니다."(1테살 4,9)

: 필라델피아의 성 요한 성당 표지판이 크게 보인다. 필라델피아는 '형제애'라는 뜻이다.

: 튀르키예의 한 상인이 우리말로 된 성지 안내 책자를 판매하고 있다. 많은 한국인들이 튀르키예를 찾고 있음을 알 수 있다.

거룩한 초청을 받다
트로아스를 거쳐 그리스로

뜨겁게 반응하라, 기쁘게 응답하라.

순례 일정은 오늘 트로아스를 거쳐 다르다넬스 해협을 건너 그리스 국경을 넘기로 되어 있었다. 튀르키예와 정이 들어 버린 탓일까, 나는 튀르키예의 마지막 순례 도시인 트로아스에서 좀처럼 발걸음을 떼지 못했다. 사도 바오로와 그의 제자들이 열정적으로 복음을 전했던 트로아스, 튀르키예의 서쪽 끝이며 호메로스의 일리아드를 떠올리게 되는 곳. 트로이 전쟁 상징물인 거대한 트로이 목마를 찾은 많은 순례객들 틈에 끼여 목마에 올라 먼 곳을 바라보며 바오로 사도의 심정을 헤아려 본다. 그분은 한 곳에만 머물지 말고 곧 다른 지역에서도 그리스도의 말씀을 전해야 한다는 부르심을 받았을 게다.

트로아스와 그리스에 관해 글을 쓰면서 '트로아스가 사도 바오로와 무슨 큰 관련이 있을까?' 하며 의문을 품었던 나의 무지를 생각하면 새삼 얼굴이 붉어진다. 성경에 바오로는 적어도 세 번이나 이곳 트로아스를 지나갔다고 전해 온다. 첫 번째는 그의 2차 전도 여행시 트로아스에서 마케도니아 사람이 꿈에 나타난 일이다(사도 16,8-11). 두 번째로, 3차 전도 여행에서 트로아스에서 티토를 기다리는 상황이 있었다(2코린 2,13). 세 번째는 트로아스에서 그의 동료 제자들을 만나

: 트로이의 목마 기념물. 오디세우스의 지략은 굳게 닫힌 트로이의 성문을 열었다. 이 시대 사람들의 닫힌 마음을 열 지혜는 무엇일까.

일주일 간 함께 지냈고 에우티코스라는 젊은이를 살렸다(사도 20,5-12).

첫 번째 사건인 마케도니아 사람의 간절한 바람은 바오로를 크게 자극하고 선교 지역을 확장하게 되는 시발점이 된다. 바오로의 환시에서 우리는 똑똑히 들었다. "마케도니아로 건너와 저희를 도와주십시오."(사도 16,9)

최근 참으로 반가운 이메일을 한 통 받았다. 저 멀리 남미 파라과이 한인 본당 주임 신부님으로부터 온 초청이다. 한국 성바오로수도회에서 올해 겨울 북남미 대림 특강과 도서 선교를 계획 중이라는 소식을 브라질 한인 본당으로부터 들으신 것이다. 남미 신자 분들이 얼마나 그리스도의 말씀에 목말라 있었기에! 환시든, 환시가 아니든 모든 초청과 부르심에는 이유가 있다. 누군가를 통해 부르시는 주님의 거룩한 초청에 나는 언제나 '네.' 하고 응답할 준비가 되어 있어야 한다고 배웠다. 이번 순례 또한 내게는 사부의 길을 따르는 '거룩한 초청'이다. 나는 이 초대에 응답했고, 사부 바오로 사도를 눈으로, 손으로 온 존재로 느끼려고 노력 중이다. 이 순례를 하느님과 바오로 사도와 함께하는 밀월여행이라 하지 않고 무엇이라 말할 수 있을까.

꿈속이지만 마케도니아 사람의 간절한 요청에 귀를 기울이고 즉시 다른 지역, 미지의 땅으로 용감히 떠나는 바오로의 사명감과 용기는 언제 보아도 존경스러운 모습이다.

또 한 가지 트로아스에서 바오로가 티토를 기다렸듯 ― 비록 만나지는 못했지만 ― 위대한 선교사인 바오로는 혼자서 일을 하지 않았다.

이에 반해 가끔 나는 수도원에서 형제들과의 협력을 무시한 채 독불장군처럼 일을 처리하곤 했다. 공동생활을 하는 수도자로서 올바르지 않은 태도다.

세 번째 이곳에 왔을 때는 한 청년이 바오로의 설교 중 잠이 들어 창문에서 떨어져 죽었는데 바오로가 끌어안자 살아났다. 우리는 살아가면서 많은 사람과 만나고 헤어지게 된다. 긍정적이고 희망적인 사람과의 만남은 지친 마음에 기운을 불어 넣는다. 살아나는 것이다. 하지만 부정적인 이와의 만남은 지친 마음이 더 심해져 짜증과 불만이 전염된다. 삶은 결코 길지 않다는 것을 누구나 안다. 바오로가 창문에서 떨어져 죽었던 젊은이를 살렸듯, 우리들은 사람들에게 희망을 주는 말을 해야 하고, 기쁨을 주는 미소나 웃음을 던질 줄 알아야 한다. 사람을 살려야 하는 것이다. 그러나 우리는 아주 쉽게 말과 몸짓으로 우리 이웃인 형제자매를 죽이기도 하고 살리기도 한다. 기쁘지 않다면 사랑하는 것이 아니다. 나는 튀르키예에서 기쁨에 충만해 사부의 발자취를 따랐다. 정말 피곤한데도 많이 웃었고 즐거웠다. 아주 오랜만에 찾은 함박웃음이었다. 사랑한다는 것은 닮아 가고 싶고, 함께 있고 싶고, 지키고 싶은 것이다. 이번 순례는 때때로 나와 사부에게 특별한 비밀을 만들어 주고 있다. 바오로는 사람을 늘 살렸고 많은 사람을 살리기 위해 이젠 배를 타고 미지의 땅으로 떠난다.

다르다넬스 해협을 배로 건너가는 동안 소금기 어린 짭짤한 냄새가 코를 간질였지만 싫지 않았다. 멋진 바다를 배경으로 사진도 찍었다. 사도 바오로도 나와 함께 이제 배를 타고 떠난다. 아시아를 떠나 바다를 건너 유럽으로 말이다. 덥지만 시원한 바닷바람이 부는 배 안에는 각양각색의 사람이 있다. 생선과 조개를 파는 상인들, 기관사들, 남녀노소 여행객들. 아시아에서 유럽으로 넘어가는 역사적 순간이기에 더욱 가슴이 설레었다. 이러한 순간에 바오로 사도는 무슨 생각을 했을까? 사도적 열정이 충만했던 그는 새로운 지역에서의 선교에 나름대로 준비를 하지 않았을까? 새로운 언어와 문화에 대한 공부, 사도의 기쁨과 복음적 열정을 다시 한 번 굳게 다졌을 것이다.

국내는 물론 저 멀리 캐나다, 브라질까지 도서 선교를 떠나며 사회 홍보 수단을 통한 복음 전파에 힘쓰는 우리 바오로인들은 우리의 땀이 섞인 도서와 음반 등을 기쁨으로 제작하고 보급하기 위하여 삶이 다하는 날까지 노력할 것이다. 물론 이 복음을 기쁨으로 전하기 위해서는 바오로 사도가 준비하셨듯이 기도로 마음의 준비를 해야 한다. 특별히 나는 수도회의 기도문인 '성공의 비결'을 바치기를 좋아한다. 나의 삶에 주어진 길지 않은 시간에 최대의 효과를 얻기 위하여 주님께 기도한다. 한 구절을 인용해 본다. "당신의 무한히 선하심으로 저희의 특별한 성소의 필요에 따라 저희의 영적 작업, 공부, 사도직, 청빈의 결실을 배가시켜 주소서."(바오로가족 기도서 '성공의 비결') '성공의 비결' 기도문을 마칠 때 사람들이 떠드는 소리가 멈췄다. 다르다넬스 해협을 건너 그리스 땅에 도착한 것이다. 이제는 정말 튀르키예와 작별이다. 새로운 곳, 유럽으로의 초대. 나는 새롭게 사부의 초대를 받았다는 생각으로 옷깃을 여몄다.

튀르키예여, 이제 안녕.

자유의 나라
그리스에 첫발을 딛다

그리스! 자유의 나라.

다르다넬스 해협을 건너 드디어 카발라 항구에 도착했다. 그리스는 튀르키예와 지리적으로 근접해 있어도 분명히 다른 느낌의 나라로 다가왔다. 이슬람 분위기가 사회 전반에 깔려 있는 튀르키예와 달리, 그리스는 '자유' 그 자체였다. 넓은 바닷가 해변에 70대의 푸근한 할머니가 비키니 수영복을 입어도 누구도 신경 쓰지 않는 나라. 전례가 너무나 아름다운 그리스 정교회가 살아 숨 쉬고 간간히 로마 가톨릭 성당도 볼 수 있는 나라. 하루를 두 번 살기 위해 꼭 낮잠을 잔다는 '시에스타'의 나라다. 낮잠 전과 후로 나누어 하루를 두 번 산다는 것이다.

나는 지금 새로운 대륙, 새 환경과 새 문화에 대한 기대감으로 한껏 부풀어 올라 있다. 기대와 함께 두려움도 엄습한다. 속일 수 없는 감정이다. 생소한 언어와 문화에 다시 도전해야 한다. 사도 바오로도 나와 같은 심정이지 않았을까. 복음적 사명에 응답하고도 인간적 두려움은 때때로 그를 힘들게 했을 것이다.

그리스도의 복음이 아시아 땅을 벗어나 새로운 대륙, 유럽으로 전파되는 순간이다. 가슴 벅찬 순간이기도 하다. 아마도 이 상황은 사도의 일생 중 가장 위대한 순간이라고 할 수 있다. 선교사의 기본 사명인 "세상 끝까지 가서 복음을 전하라."는 주님의 명령에 완전히 응답하는 것이기 때문이다.

카발라 항구에 노을이 깊어간다. 그리스의 아름다운 풍경은 이제부터 시작이다. 항구 근처의 노천카페들이 분주해지기 시작했지만 절대 서두르지 않는다. 또한 손님들의 재촉도 없다. 맥주를 마시며 음악을 즐기는 이들, 그리스인. 튀르키예와는 전혀 다른-튀르키예는 상가나 거리에서 맥주를 팔지 않는다-분위기에 나 또한 몸을 실으며 항구에 우두커니 앉아 바다를 바라본다.

성경 상으로 네아폴리스에 해당하는 곳. 바오로 사도는 트로아스를 떠나 이곳 카발라를 거쳐 필리피에서 복음을 전하게 된다. 사도 바오로께서 도착했다고 하는 그리스 카발라 항구, 한국의 바오로인으로서 그곳의 교회 초석과 벽화를 어루만지고 바라볼 때의 감동이란 이루 다 말할 수 없다. 그런데 '사도께서는 무엇 때문에 이곳까지 오셨을까?' 벽화는 사도 바오로와 일행이 자그마한 배를 타고 이곳에 발을 내딛는 순간을 묘사하고 있다. 그들의 얼굴은 상기되어 있고 단호함마저 엿볼 수 있는 표정을 담고 있다. 쉽지 않은 선교임을 예상하셨지만 절망하거나 도피하지 않는 표정이다.

바오로께서는 무비자로 이곳에 오셨겠지만, 조금 전 카발라 항에서 우리 일행은 간단한 입국 심사와 함께 도장을 받았다. 사도께서도 예상하셨을 것이다. 튀르키예에서 그랬듯이 앞으로 그리스 땅에서도 수많은 난관과 고난이 올 것이라고…. 그러나 바오로의 선교에 대한 열정이 어떠한 난관으로도 꺾이는 법은 없었다.

아시아와 유럽, 사부는 어떻게 복음 전파에 성공했을까? 이토록 다른 분위기와 문화를 가진 곳에서 말이다. 바오로 사도는 당시 사회 문화 종교에 빨리 적응하신 분이다. 그분은 늘 새로운 문화에 접하시면서 그들의 사고방식과 언어로 대화하셨다.

하지만 나는 초기 브라질에서의 선교에 사부와 같이 행동하지 못했다. 선교사로서 고정 관념이 있으면 곤란하다는 것을 나는 여러 번 체험했다. 선교사로서 가져야 할 기본 소명인 문화 차이를 극복하지 못한 사례들이다.

2003년 부활절이었던가? 브라질 성바오로딸수녀회 수녀님이 손을 잡고 춤을 추자는 말에 기겁을 하고 – 춤도 못 추거니와 춤추자는 수녀님이 이상했기 때문에 – 도망을 가서 동료·선배 수녀님들을 곤란하게 했다. 브라질에서 선교를 하기 위해서는 춤을 배워야 한다. 무도장 댄스를 배우라는 것이 아니다. 기쁜 음악과 함께 축제 때 늘 사교춤을 춘다는 것이다. 브라질에서 춤은 문화이다. 브라질에서 그 나라 노래, 춤을 알지 못하면 하느님 이야기도 먼저 꺼낼 수 없다.

또 한 가지 우스운 이야기가 있다.

종신 서원을 하기 전 유기 서원자 공동체에서 어린(?) 동료 수사님들과 지낼 때이다. 나이가 한참 어린(14-5세부터 입회 가능) 브라질인 수사가 플라스틱 콜라병으로 머리를 툭툭 치며 자꾸 장난을 거는 것이다. 일전에도 얼떨결에 얻어맞아 기분이 나빠 한마디한 상태였다. 탁탁 소리가 나며 계속 머리를 얻어맞는 순간 혈압이 치솟으며 나는 폭발했다. 태권도 앞차기 동작으로 그 형제를 걷어 찼는데 그 소리가 얼마나 컸는지 원장 수사님이 방에서 튀어 나올 정도였다. 사실 브라질에서는 아이들이 주교님 머리를 쓰다듬고 나이 어린 형제들이 노인의 머리나 어깨를 치는 행위가 '사랑의 표현'이란다. 나는 졸지에 어린 동료의 애정이 담긴 형제적 제스처를 무식하게 발로 걷어 차 버린 수사, 선교사가 되어 버린 것이다.

카발라 항구에서 나는 스스로 다짐한다. 수도자가 되기 이전, 그리스도인이 되고 그리스도인이 되기 이전 인간이 되리라. 카발라 항구의 깊어 가는 자유를 만끽하며 나는 한 가지를 더 배웠다. 선교사란 파견된 지역의 문화를 이해하고 받아들여 그들의 사고방식과 언어로 살아가는 존재라는 것을 말이다.

바오로 로드를 가고 있다. 앞으로 펼쳐질 그리스 순례에서는 또 어떤 일들이 벌어질까? 나는 아직 내게 다가올 많은 일들을 전혀 예상하지 못하고 있었다.

: 그리스 사람들이 즐겨 먹는 전통 음식 기도스 빵(양고기와 채소를 곁들인 빵)과 맥주.

: 그리스 카발라 항구.
사도 바오로의 도착 장면 성화.

마음의 기쁨 그리고 감옥에 대해
필리피 上

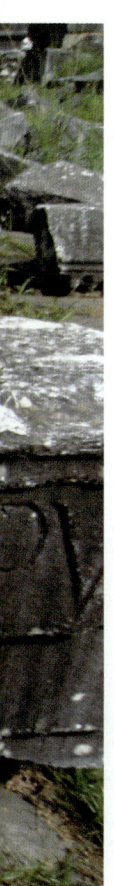

자유롭기 위해선 나를 벗어나야 한다.

멜하바!(안녕하세요), 테세키르 에데림~(감사합니다). 친숙하게 내 귀에 들려오던 구수한 튀르키예 인사말과, 모스크(이슬람 사원)의 확성기를 통해 울려 퍼지던 아잔의 울림이 지금도 내 가슴속에 남아 있다. 한국인을 유난히 사랑하고 반갑게 맞아 주던 따스하고 선한 눈망울의 튀르키예인들, 그들의 선함을 기쁨으로 가슴에 담고 사도 바오로가 되어 트로아스와 다르다넬스 해협, 그리고 카발라 항구를 통해서 도착한 이곳은 유럽 땅. 짧은 기간이라도 그들과 친해지기 위해 그리스 말을 머릿속에 넣다 보니 버스는 어느새 필리피에 도착했다.

에우카리스토(고맙습니다), 칼리메라(안녕하세요)를 연발하며 식당에서 크게 이야기하고 웃으며 떠드는 밝고 자유로운 그리스 사람들, 생동감이 느껴지는 나라. 하루를 두 번 살기 위해서 꼭 한다는 시에스타(낮잠) 때문인가, 사람들이 정말 살아 있는 듯한 나라, 그리스! 이곳 필리피!

트로아스의 환시 사건 때문에 아시아에서 유럽 땅까지 바다를 건너온 사도 바오로와 그의 동료들과 필리피에 남겨진 유적, 에냐치아 가도 Via Egnatia(BC 2세기 후반 건설된 고대 로마의 도로) 위에서 나는 '사도께서 기쁜 소식을 전하기 위해 얼마나 많이 걸으셨을까?' 생각을 하며 발걸음을 옮겼다.

필리피 교회, 사도 바오로가 가장 아꼈던 공동체 중의 하나이다. 유럽의 첫 교회 공동체로서 첫 번째 교우 리디아가 등장하는 곳이다. 나는 개인적으로 필리피 신자들에게 보낸 서간을 기쁨의 편지라고 부른다. 사도의 기쁨이 고스란히 전해진, 사도의 특별한 애정을 받았던 공동체이다. 바오로 사도는 너무 기뻐 감옥에 갇힌 몸일지언정 주님 안에서 자유로울 수 있었다. 그래서 이 편지는 기쁨의 편지이다. "주님

: VIA EGNATIA(비아 에냐치아). 에냐치아 가도를 통해 사도는 소아시아(아시아)와 마케도니아(유럽)를 지나다녔다.

안에서 늘 기뻐하십시오."(필리 4,4) "여러분 모두와 함께 기뻐할 것입니다."(필리 2,17) 무엇이 그를 기쁘게, 자유롭게 하는 것일까? 왜일까? 필리피 교회는 바오로 사도의 제2차 전도 여행의 산물이며 유럽의 첫 선교지 교회이므로 바오로 사도가 특별히 애정을 쏟아 상호 신뢰가 형성된 교회이기 때문이었을 것이다.

바오로에게 첫 필리피 교회가 소중하듯 우리들도 무엇이든 좋은 기억 중 첫 번째를 소중하게 여긴다. 수도자들에게는 첫 수도 서원이, 새 영세자들에게는 첫 고백이, 연인들에게는 첫사랑이. 스승과 제자

: 사도 바오로가 옥살이를 했다고 전해지는 필리피의 감옥.

사이에는 첫 수업이 잊을 수 없는 일이다.

　1994년 2월 2일, 첫 수도 서원을 하고 첫 소임을 맡았을 때 나 역시 순수했고 열정도 많았다. 하느님께서 나만을 사랑하시는 것 같았고 나 역시 하느님만을 위하여 살 수 있을 것이라 생각했다.

　논현동 성바오로 서원에서 분원 생활을 할 때이다. 승합차에 책을 싣고 각 본당으로 도서를 보급하는 일을 했다. 분당 방면인가, 어느 겨울 눈 오는 날, 온 세상이 하얗게 뒤덮이는 장관 속에서 너무 좋고 기뻐 좋아하는 노래를 차 안에서 목적지에 도착할 때까지 불렀다. 참으로 행복했다. 하얀 눈도 나도 함께 흔들거리며 춤을 추었다. 때 묻지 않은 영혼과 그 순수함이란…. 이 순수한 초심을 잃지 않기 위해서는 수도 생활을 누구를 위해서가 아닌 나 자신을 위해서, 하느님을 위해 바치도록 나 스스로에게 다짐을 하고 또 다짐을 했었다.

　너무 당연한 이야기지만 수도 생활은 기도 생활이 무너질 때 순간 순간 유혹의 손길이 뻗쳐 온다. 순간의 잘못된 선택으로 나 스스로가 감옥을 만들어서 그 감옥 속에 갇혀 살 수도 있다. 기쁨이 사라지는 지겨운 감옥살이 말이다. 실제 적지 않은 수도자들이 기쁨 없이 산다. 그냥 산다. 안타깝고 슬픈 현실이지만 사실이다. 얼굴, 몸, 마음에도 기쁨이란 없다. 세상 근심과 세파에 찌든 궁상맞은 얼굴들은 이제 바꾸어야 한다.

　사도께서 가시로 찌르는 고통을 호소하듯 나에게도 자주 따라다니는 지병이 있다. 수도회 입회 전후에 나를 괴롭혔던, 아니 지금도 가끔은 나를 유혹하는 가벼운 우울증이다. 선교사로 브라질에 막 도착했던 시절 언어도 안 되고 소심했던 나는 기분이 안 좋을 때에 방에서 이불을 뒤집어쓰고 장시간 바깥 출입을 하지 않곤 하였다. 동료 수사들이 내게 다가오고 싶어도 다가올 수 없었다. 내 스스로 높은 울타리를 만들고 차가운 감옥을 만들었다. 우울증이라는 것을 몰랐고 인정도 하지 않았던 것이다. 스스로 높은 울타리를 만들고 차디찬 감옥을 만들었다. 감옥 안에서도 기쁜 소식을 전하기 위해 즐거움에 찼던 사부와는 달리, 나는 자유스런 몸을 뒤로하고 스스로 감옥의 수인 생활을 자청했다. 몸도 마음도 갇혀 있었다. 기쁨이 솟아나올 수가 없었다. 얼굴엔 피곤, 근심과 슬픔으로 가득 차 있었는데 이 지병을 언제 어떻게 이겨 냈는지 잘 모른다. 바쁘게 열심히 살려고 노력하다 보니 지금은 우울할 시간도 없는 것 같다.

사부는 진정 자유로운 감옥살이를 하지 않았던가? 바오로 서간을 보면 지병을 가지고 있어 가시로 찌르는 것 같은 고통에 대해 말하는 대목이 있다. 하지만 그러한 몸으로, 감옥에 갇혔어도 마음만은 자유로웠고, 간수 가족까지 입교시키는 선교를 한다. 세상을 사는 우리 대부분이 때때로 '마음의 감옥살이'를 한다. 그것은 우리를 사랑하시는 하느님이 원하시지 않는 길이다.

자유롭게 살아야 한다. 남이 아닌 무엇보다 나 자신의 구원을 위해 최선을 다해야 한다. 그 다음에 타인 구원에도 나서야 한다. 나 또한 감옥살이를 벗어나 진정한 구원을 받을 수 있도록 최선을 다해야겠다.

"여러분 자신의 구원을 위하여 힘쓰십시오."(필리 2,12)

나의 리디아 부인은?
필리피 下

필리피 지각티스 강가에 앉아 이곳 교우들을 생각한다. 유럽에서 처음 세례를 받은 리디아 부인과 바오로 사도의 든든한 후원자들 말이다. 사부와 필리피 교회와의 상호 신뢰는 실로 대단한 것이었다. 그래서 사도 바오로에게도 필리피 교회는 쉽게 잊을 수 없는, 특별한 공동체였을 것이다. 쉽게 받아들이지 않던 경제적 도움을 이곳 필리피로부터는 당당하게 받아들인다.

어느 깜깜한 밤, 동네 사람들이 부잣집 흑백 텔레비전 앞에 다 모여 있었다. 나도 그 자리에 있었다. 그런데 분위기가 심상치 않았다. 발을 동동 구르는 아줌마들, 엉엉 우는 아이들, 삼삼오오 모여 걱정스레 담배를 피우며 TV에서 눈을 떼지 못하는 아저씨들. 1971년 추웠던 크리스마스 날(내 나이 겨우 일곱 살) 역대급 국가 재앙인 서울 대연각 대화재였다. 동네 사람들이 우리 어머니가 거기서 일하다 빠져나오지 못하고 갇혀 있다고 알려 주었다. 어린 나는 어안이 벙벙했고 상황 파악이 되지 않았다. 그냥 울었던 것 같다. 그렇게 어머니는 너무나 빨리 하늘나라에 가셨다.

어머니가 내게 무슨 근사한 말을 하신 적도 없었던 것 같다. 어머니의 얼굴 또한 잘 기억나지 않는다. 아주 조용하고 따뜻한 분이셨던 것 같다. 어머니는 생전에 우리 사남매에게 매일 카스텔라를 가져다 주셨다. 그 맛은 세상에서 가장 부드럽고 달콤했다. 아마도 고급 호텔에 계신 덕에 우리 자식들을 위해 사 오신 것 같다. 어머니의 따스하고 편안한 품과 달콤한 카스텔라가 지금도 어렴풋이 기억난다. 세월이 흘렀어도 돌아가신 어머니의 그 좋은 품과 카스텔라 맛을 나는 잊을 수가 없다.

매년 성탄절이 되면 어머니의 존재가 더욱 그립다. 잘 알 수 없지만 좋은 곳에 계실 어머니와 거룩한 미사 중에, 기도 중에 만날 뿐이다.

그리스 필리피, 리디아 기념 성당. 리디아가 처음 세례를 받았다는 지각티스 강가에서 쌀쌀한 바람을 맞으며 리디아의 존재 의미를 곰곰이 씹어 본다. 누구보다도 솔선수범했고 헌신적인 봉사자였던 티아티라 출신의 자색 옷감 장수 리디아. 유럽의 첫 교회인 필리피 그리고 유럽의 첫 그리스도인인 리디아와 사도 바오로의 첫 만남은 어땠을까? 사부는 리디아 부인과 필리피 교회에 대한 사랑을 글로써 자주 표현했다. 기뻐하라고, 그것도 나와 함께 기뻐하라고…. 사도 바오로의 신뢰와 요구에 이 공동체는 헌신적인 봉사로 보답한다.

수도자로 살아오는 동안 별다른 부족함이 없다고 생각하면서도 항상 어딘가가 비어 있다는 생각이 들곤 하였다. 아마도 일곱 살 때 돌아가신 엄마의 부재가 내게는 큰 빈자리였나 보다.

일찍 돌아가신 어머니는 항상 나의 곁을 지켜 주셨고 나의 빈자리를 채워 주고 늘 곁에서 지켜보고 계셨던 '나의 리디아'가 아닐까하는 생각이 든다. 우리 사남매에게 진정한 희생이 무엇인지, 사람이 살아

: 필리피 리디아 경당 내부의 모습. 예수님의 세례 장면이 유럽의 첫 그리스도인 리디아의 세례를 떠올리게 한다.

가야 하는 이유를 몸으로 보여 주신 분, 짧게 사셨지만 위대한 사랑의 의미를 삶으로 직접 보여 준 나의 사랑, 나의 지원자, 후원자이다.

우리 모두에게는 저마다의 '리디아'가 있을 수 있다. 반대로 내가 상대방의 '리디아'가 될 수도 있다. 서로 사랑하고 서로 신뢰하며 서로를 위해서 희생할 수 있는 관계라면 우리 모두는 '리디아'가 될 수 있다고 생각한다.

성바오로수도회의 협력자들도, 더 나아가서는 한국 교회의 자랑스러운 평신도들도 내게는 든든한 '리디아 부인'이다. 실제로 각 본당, 신학교, 수도회, 단체 등에 '리디아 부인'은 존재한다. 좋은 리디아, 성공하는 리디아, 멋진 리디아가 되기 위해서 필요한 것은 무엇일까? 그것은 '거룩한 무관심'이다!! 무관심은 사랑이 아니다. 좋지 않은 것이다. 이기적이기 때문이다. 하지만 거룩한 무관심은 사랑이다.

몇 년 전 제주도에 태풍 '나리'가 지나갔다. 섬 전체가 폭탄을 맞은 것처럼 참혹하게 파괴되었다. 일급 호텔 주차장의 차들이 떠내려가고, 도로가 끊기고, 월드컵 경기장 지붕이 날아가고, 사람들이 죽고 다쳤다. 그런데 단 한 가지가 멀쩡했다. 제주도 돌담! 제주도 돌담은 사이사이 뚫려 있는 구멍을 통해 바람이 지나간다. 그래서 돌담만은 파괴되지 않고 강한 비바람을 견뎌 낸 것이다. 거룩한 무관심은 이런 것이다. 알면서도 지나가 주는 것, 용서하는 것이다. 상대를 배려해 주는 자비의 행위이다. 어머니가 자식의 잘못을 알면서도 사랑으로 덮어 주는 것은 거룩한 무관심이다. 수도원장님이 형제들의 잘못을 알고도 모른 척하는 것도 거룩한 무관심이다. 거룩한 무관심은 이기주의도 게으름도 직무유기도 아니다. 거룩한 사랑의 행위이다.

그렇다면 수사인 나는 누구의 리디아가 될 수 있을까? 누구의 필리피 교우가 될 수 있을까? 내 주위의 아픔을 가지고 있는 형제들, 나의 도움이 필요한 형제들을 위해 나도 좋은 리디아가 되어 보련다.

"내가 여러분 모두를 이렇게 생각하는 것이 나로서는 당연합니다. 여러분이 내 마음속에 자리 잡고 있기 때문입니다." (필리 1,7)

: 이곳 필리피 교회에서 한 여성이 첫 그리스도인으로 입교한다. 티아티라 출신 리디아 부인이 그 주인공이다. 리디아 경당 앞에서 드린 야외 미사 장면.

죽음이 마지막 말은 아니다
테살로니카

'부활로의 여행,' 죽음을 살아가다.

그리스의 유명가수 나나 무스쿠리의 목소리를 들으며 나는 테살로니카로 향하고 있다. 버스 밖 에게해의 절경에 여가수의 목소리가 더해져 한층 낭만적인 분위기를 자아낸다. 버스에서 내리며 현지 가이드와 그리스인 기사에게 '칼리메라'(안녕하세요) 하며 인사를 한다. 그리스말이 이상하게 점점 익숙해져 간다. 시에스타(낮잠)를 즐기며 하루를 두 번 산다는 그리스인들의 낙천적이고 열정적인 모습이, 이들의 여유와 자유로움이 솔직히 부럽다.

사도 바오로가 2차 전도 여행 중 세웠다는 유럽의 두 번째 교회인 테살로니카. 무한한 상호 신뢰로 사도의 큰 애정을 받았던 필리피 교회와는 달리 엄중한 지적을 받은 테살로니카 교회 신자들. 사도께서는 테살로니카 교인들이 주님의 재림, 즉 종말 문제로 인해 여러 가지 문제를 일으키고 혼란에 빠진 것을 알아채고 해결책을 제시하신다. 그 시간과 그때에 관해서는 여러분에게 더 쓸 필요가 없다고 단언하시며 주님의 날이 마치 밤도둑처럼 온다고 하신다(1테살 5,1-3)! 그리고 덧붙이신다. 언제나 기뻐하고 끊임없이 기도하며 모든 일에 감사하고 일상사에 충실하라고(1테살 5,16).

: '아고라'라는 말은 광장, 시장, 토론장을 뜻한다. 이곳에서 그리스 사람들은 토론을 일상사처럼 행했다고 한다.

종말, 죽음이란 무거운 주제를 묵상하노라니 문득 한국 성바오로수도회 첫 사제이셨던 유광수 야고보 신부님의 선종 이야기가 떠오른다. 돌아가시기 전날 새벽이었다고 한다. 간암으로 혼수상태를 반복하시다가 의식이 돌아온 그때, 신부님은 갑자기 눈을 크게 뜨시며 환한 얼굴로 '내가 부활한 것 맞지!' 하셨던 것이다. 그렇다, 죽음은 마지막 말이 아니다. 새로운 시작이기에 희망이다.

3대 서원(청빈, 정결, 순명)과 교황님께 충성을 약속한 나에게 아니 우리 모든 수도자에게 매일은 '죽음'이자 '부활'이다.

우리는 죽지 않으면 결코 부활할 수 없기에 늘 죽는 연습을 해야만 한다. 매일 우리 자리에서 죽어야 한다고 외치고 싶다. 죽지 않으면 살아나지 못하기 때문이다.

수도원 안에서 사도직을 하면서 동료들과, 선·후배 수사들과 일상생활 안에서 늘 다가오는 도전은 내가 낮아지고 죽지 않으면 풀기 어려운 것이기 때문이다. 인간의 근본적인 기본 욕구(식욕, 물욕, 성욕)를 모두 정상적으로 가지고 있는 수도자들, 이들은 매일의 삶에서 이와 같은 욕구를 절제하고 포기해야 하는 사명을 스스로 택했다. 죽는 연습인 것이다. 온전한 죽음을 위해서 죽을 때까지 노력해야만 한다.

막 사제 서품을 받은 젊은 사제가 은퇴하신 노 사제에게 고해성사를 청했다. 젊은 사제 고백하길 "신부님, 너무 괴롭습니다. 정결 서원을 지킨다는 것이요. 신부님 도와주세요." 노 사제가 대답하기를 "젊은 신부님, 이 늙은 나도 이 문제로 아직 싸움 중이라네. 나와의 싸움이지. 죽을 때까지 안심하면 안 된다네."

수도 생활 18여 년 동안 나 역시 몇 번씩이나 수도 생활을 포기하려고 짐을 쌌던 적이 있다. 너무나 힘에 부쳤기 때문이다. 하지만 인내하고 또 인내하였더니 좋은 일도 많다는 것을 직접 체험하고 있다.

"끝까지 인내하고 참으십시오! 그러면 희망이 보입니다."

가정 생활이든, 성직 생활이나 수도 생활이든 우리에게 '위기'는 언제나 온다. 때로는 이 위기가 무겁고 어두운 죽음처럼 여겨진다. 이러한 죽음 체험이 매일의 도전처럼 다가온다. 이 도전을 싸워 이겨 내야 희망, 즉 부활이 찾아온다. 그러니 인내하고 희망을 잃지 말고 힘차게 살아가야 한다. 우리의 스승 예수님께서는 당신의 십자가 상 죽음으로 증명하셨다. 죽음 없는 부활은 없다. 부활을 하려면 고통, 죽음을 극복하고 승리하여야 한다. 어둔 밤을 거쳐야만 하는 것이다. 그래서 죽음이 마지막 말은 아니다.

지금 이곳 테살로니카 하늘은 어둡고 가는 비가 을씨년스럽게 흩뿌리고 있다. 저 하늘이 개이고 나면 곧 아름다운 무지개가 뜰 것이다.

: 그리스 테살로니카의 주보 성인 성 데메트리오 기념 정교회 대성당 앞.

진정한 고요함을 찾아서
메테오라

하늘과 맞닿은 곳에서 고요함을 찾아 숨 쉬게 하소서.

하늘 높이 치솟아 있다. 수도원이!

메테오라! 높은 절벽과 바위 위에 세워진 많은 남녀 그리스정교회 수도원들이 모여 있는 지역. 그리스어로 '공중에 떠 있는'이란 말답게 중세기의 이곳 남녀 수도자들은 하늘 높이 올라가고 또 올라갔다. 왜 그 높은 곳으로 세상에서 고립된 곳으로 올라갔을까? 사도 바오로의 말씀을 굳이 인용하지 않더라도 지상의 것을 멀리하고 천상의 것을 추구했던 교회 내 많은 성인, 성녀들의 거룩한 삶을 보면서 우리는 그 이유를 미루어 짐작할 수 있다. 이들과 달리 성바오로수도회는 세상에서 살면서 커뮤니케이션 사도직을(도서, 음반, 인터넷, 영화 등등) 통해 세상에 그리스도의 기쁜 소식을 전하는 활동 수도회이다.

인터넷을 통해 세상에 좋은 소식을 전달하는 수사, 애니메이션을 제작하는 수사, 일반 사회처럼 영업을 담당하는 영업 부장 수사, 편집과 디자인 제작 등을 책임지는 수사, 아름다운 음악을 창조해 내는 수사! 이렇게 다양하고 많은 활동을(우리는 이런 활동을 커뮤니케이션 사도직이라 부른다) 하다 보니 우리는 쉴 새 없이 달리고 또 달린다. 정말이지 뛰고 또 뛰며 땀 흘린다. 서울과 전국 구석구석, 제주도는 물론 미국, 브라

: 산 위 절벽 꼭대기 위에 위치한 그리스정교회 수도원. 메테오라라는 말은 '공중에 떠 있는'이라는 뜻이라고 한다. 왜 이들 수도자들은 하늘 가까운 곳에 수도원을 만들었을까?

: 메테오라 수도원 아래 저 멀리 마을의 풍경이 평화롭다.

질까지 가서 선교를 한다. 땀을 많이 흘리면 목이 마르듯 지나친 활동 속에 움직이다 보면 자연스럽게 고요함을 찾게 된다. 수도회에서는 월 피정과 연 피정을 한다. 피정이란 피세정념避世靜念이라는 말의 줄임말로 속세를 떠나 고요함에 머문다는 뜻이다. 메테오라의 그리스정교회 수도자들 역시 내적 침묵 속에 하느님과의 만남을 위해 그 높은 곳으로 올라갔을 것이다. 활동 수도회의 수도자로 살아오면서 기도가 빠진 활동은 참으로 힘이 없다는 것을 체험한 적이 한두 번이 아니다.

유기 서원기에 동료 수사들에게 미사 강론을 했던 적이 있다. 피정과 기도를 마음 깊이 하지 않으면 그 강론의 내용은 참으로 무의미하고 메마른 사막처럼 건조하다. 스스로 생각해도 강론 내용이 유치해 얼굴이 붉어지고, 다시 한다는 것이 부끄럽기조차 했다. 하느님의 소리에 귀 기울이지 않고 나의 얄팍한 지식에 의존했던 것 같다.

언젠가는 수녀원에서 강의를 부탁하여 형제들의 양해를 구한 후 혼자 피정을 하며 마음을 가다듬고 성체 앞에 머물며 침묵 가운데 기도

했던 적도 있다. 수도회의 기도인 '성공의 비결'을 한 달 동안 바치며 나의 약함을 인정하고 그분의 힘으로 나를 당신 도구로 써 달라고 청했다. 행여나 덜덜 떨고 강의 내용을 잊어버려 망신당할까 두렵기도 했다. 우려했던 것과는 달리 불상사는 일어나지 않았다. 마음은 너무 평온했고 목소리는 마이크를 쓰지 않아도 될 만큼 우렁찼다고 한다. 분명한 것은 우리 남녀 수도자가 하는 사도직(사도의 거룩한 직무)이 단순한 일이 되지 않으려면 끊임없이 기도해야 한다는 것이다.

    입회부터 종신 서원 후, 언제나 그 열정과 용기가 누구에게도 뒤지지 않는 수도자로 지금도 열심히 해외에서 땀을 흘리며 전진 또 전진하는 친구 수사가 있다. 그에게 수년 전 성소 위기가 왔다. 너무 힘들어 지친 나머지 희망을 잃고 짐을 싸 수도원을 나가려고 했다고 한다. 퇴회 직전 한 통의 전화를 받았다. 잘 아는 수녀님이 소식을 들은 모양이다. '나갈 때 나가더라도 조용한 곳에 가서 좀 쉬고 난 후 나가라.'는 권유였다. 그는 '밑져야 본전'이라는 생각에 부리나케 간단한 짐을 챙겨 대침묵으로 유명하다는 피정의 집에 들어갔다. 40일 피정 코스였다. 피정의 거의 2/3를 잠만 잤다. 자고 또 자고 허리가 너무 아파 자는 것도 힘들어 성당으로 향했다. 감실 앞에서 성체조배를 하는데 갑자기 울음이 터져 나왔다. 울고 또 울고 하느님께 죄송한 마음으로 대성통곡을 했다. 잘못했다고 빌며 자비를 청했던 것이다. 하도 울어 눈이 퉁퉁 부어 피정의 집을 찾은 다른 사람들에게 창피할 정도였다. 그 피정 이후 잃었던 웃음을 찾았고 지금까지도 실실 바보처럼 늘 웃고 다닌다. 행복한 바보가 아닌가.

평신도, 수도자, 성직자 모두 가끔은 '내면의 거울'을 들여다 보아야 한다. 지나친 활동에 치우쳐 바빠서 앞만 보고 달리지는 않는지, 가끔 멈추어 우리 '내면의 소리'에 귀 기울이고 있는지, 피정을 통한 침묵 가운데 하느님의 음성을 들으려고 애쓰는지 말이다.

나의 사부, 사도 바오로의 발자취를 따르기 위한 여정. 그분의 출생지와 선교지, 소아시아 일곱 교회, 마케도니아 지역 등 참으로 많은 곳을 '쉼' 없이 달려왔다. 아, 이제 몸도 마음도 조금씩 지쳐간다. 이곳 그리스 메테오라 수도원에서 수도자들과 함께 '고요함'을 찾아 머무르고 싶다.

: 메테오라의 성 삼위일체 수도원. 생필품을 실어 올리는 그물과 벽에 걸린 수도복(오른쪽).

: 수도자들의 유골과 수도원의 부엌.

코린토
도시의 환락과 퇴폐 그리고 사도의 눈물

의인의 눈물은 강을 이루고.

코린토의 아폴로 신전, 코린토 운하, 코린토 고대 박물관 등등 정말 어마어마하다. 코린토에 있는 많은 유적들을 보며 눈을 비볐다. 익히 알려진 대로 코린토 유적들의 명성과 거대함에 나는 놀랍기도 했고 어지럽기도 했다. 항구 덕분에 상업과 교통이 발달되어 경제적으로 부유했으나 문화적, 도덕적으로는 빈곤하고 퇴폐했던 코린토! 고대 박물관 안에는 수많은 우상들을 상징하는 신들이 즐비했고 심지어는 사람의 생식기 모양의 포도주 잔까지 있으니 그 당시 사회의 도덕적 타락 상태를 짐작하고도 남았다.

코린토 신자들에 보낸 첫째 · 둘째 서간을 보면 바오로 사도가 이곳의 교우들을 유난히 걱정하고 마음 아파했음을 여러 군데에서 확인할 수 있다. 코린토인들에게 보낸 편지 가운데 눈물의 편지라는 것이 있다. 이유는 분열이었다. 코린토 교회는 아폴로파, 바오로파, 케파파, 그리스도파로 갈라져 있었던 것이다. 게다가 이 교회는 타락해 있었다. 불륜, 우상에게 바친 제물과 음행 문제로 사도의 마음을 어지럽혔기 때문이다.

이렇게 도덕적으로 문란하고 타락한 교회, 그래서 사도가 너무나 괴로워 울며 눈물을 흘린 이곳 코린토의 유적지에 나는 우두커니 기대어 앉았다.

"나는 매우 괴롭고 답답한 마음으로 많은 눈물을 흘리며 편지를 보냅니다!"(2코린 2,4) 사도 바오로의 눈물 때문일까? 오늘날의 우리 사회를 생각하니 나 또한 눈이 흐릿해지며 마음이 아팠다. 코린토의 대운하를 바라보며 감동을 받기는커녕 마음이 씁쓸했다.

서울, 부산 등 대도시 유흥가 주변을 유심히 본 적이 있는가? 충격적인 일들이 너무나 많이 벌어지고 있다. 그리스 코린토의 여러 신전과 대운하의 규모에 못지않은 화려하고 커다란 모텔이 서울 등 대도시는 물론 시골 동네까지 상업적으로 번창하고 있다. 심지어는 어떤 도시의 한 거리에는 10층 건물 전체가 모텔 네온사인으로 번쩍거리며 우리를 유혹한다. 인터넷을 통한 악플 중독도 우리 사회의 현주소를 알 수 있는 좋은 예이다. 유명 연예인들의 연속적인 자살, 보통 시민들의 모방 자살 등은 매스 미디어의 나쁜 영향을 적나라하게 보여 준다. 칼로 사람을 살해하는 것도 무섭지만 펜으로 컴퓨터 키보드로 사람들을 다치게 하고 심지어 죽이는 행위는 더 무섭고 강한 파괴력을 가지고 있다. 이것이 매스 미디어의 힘이다.

성바오로수도회는 이러한 매스 미디어, 즉 도서, 음반, 잡지, 영화, 인터넷 등을 통해 그리스도의 기쁜 소식을 세상에 전하려는 목적으로 탄생하였다. 세상이 물질적으로 발달함과 동시에 인터넷 등 대중 홍보 매체의 급속한 기술적 발전은 경이로울 정도이다. 이렇게 강력한 매스 미디어의 기술과 힘을 우리는 악이 아닌 선을 위해 사용해야만

: 그리스 코린토에 있는 아크로폴리스 신전. 사부께서는 이곳 코린토에서 18개월이나 머무시면서 큰 업적을 이루신다.

한다.

그러나 매스 미디어의 사도인 나, 수도자이며 바오로인인 내가 매스 미디어의 노예가 된 적이 있다. 인터넷 게임과 오락물에 빠져 눈이 빨개지도록 밤새워 즐긴 적이 있다. 당연지사 기도 시간과 미사 시간에 정신 집중이 안 되니 그날 독서와 복음 내용마저 가물가물하여 기억에도 없다. 거룩한 사도직 중에도 화면의 잔영들 때문에 온전히 사도직에 집중할 수 없다. 사도 바오로께서 나의 이 약하고 추한 모습을 보며 눈물을 흘리셨을 것이다. 이 슬픈 눈물을 기쁨의 눈물로, 감동의 눈물로 바꾸어야 하는 임무가 성바오로수도회와 매스 미디어 종사자의 몫이 아닐까 싶다. 코린토와 같은 환락의 시대를 걷는 우리들에게 '주님의 말씀'은 다분히 고리타분하고 지켜내기 어려운 먼 나라 이야기일지도 모른다. 하지만 아무리 사회가 혼란하고 퇴폐적으로 흘러간다 하더라도 바오로와 같은 단 한 사람의 의인이, 올바른 사람이 존재한다면 희망은 있다.

도시 재개발의 영향으로 우리 수도회 주변도 뉴타운 계획과 대형 쇼핑센터들이 들어서서 흥청거리고 들썩거린다. 술집과 모텔 네온사인이 점점 요란해지고 번쩍거리며 새벽까지 불야성을 이룬다고 한다. 주일 새벽에 책과 음반을 실은 승합차를 몰고 본당으로 가는 길에 술에 취해 거리를 방황하는 많은 사람들을 너무나도 자주 본다.

올해 서울 강동 지역의 어느 본당에서 도서 선교 중 일어난 일이다. 주일 새벽 미사를 마치고 주임 신부님과 사무장님과 우리 모두는 해장국으로 요기하려고 동네 식당에 들어갔다. 아침 8시경이었는데, 젊

네로 황제 시대에 착공되기도 했던 유서 깊은 코린토 운하. 폭 24미터, 총 6.4킬로미터에 이르며 그리스 본토와 펠로폰네소스 반도 사이의 지협부를 흐른다.

: 코린토 박물관에 진열되어 있는 성기 모양의 포도주 잔.
당대의 타락상을 극명하게 보여 준다.

은 청년 두 명과 함께 나이 어린 여성이 술에 거나하게 취해 있었다. 남자 둘은 그나마 몸을 가누는데 여자는 너무 취해 눈동자까지 하얗게 변해 버렸다. 속옷이 드러났는데 창피한지도 모른 채 기절한 듯 자고 있다. 사무장 자매님이 달려가 수건으로 치마를 덮어 주었다. 아침 밥맛을 잃었다. 슬펐다. 우리 한국 사회는 술에 취해서 돌아가는 것 같다. 빙글빙글. 술 권하는 문화가 자연스럽고 폭탄주가 아직도 자랑거리가 되는 나라. 아, 대한민국 유흥가의 요란하고 음탕한 웃음소리가 언젠가는 주님을 찬양하는 기쁨과 회개의 소리로 바뀌게 하는 것이 우리의 몫임을 다시 한 번 깨닫는다. 수고로움과 고통 뒤에 더 큰 희망과 기쁨이 존재함을 우리는 안다. 나의 하루의 수고가 한 영혼을 구할 수 있는 길이라면 오늘도 기꺼이 그 수고를 마다하지 않으련다.

시대를 이해하라
아테네

'지금 이 순간'과 호흡하다.

드디어 아테네이다. 유네스코가 지정한 인류 문화재 1호, 소크라테스가 활동을 했다는 파르테논 신전 주위에서는 전 세계 수많은 사람들이 북적거리며 사진기 셔터를 눌러 댄다. 그리스의 수도이며 서구 문학, 철학, 정치의 발상지인 아테네! 그리스 대형 국기가 펄럭이는 아테네 한복판 언덕에 솟아 있는 아크로폴리스를 바라본다. 사도 바오로의 그 유명한 아고라(시장, 철학자들의 토론장과 시민들의 만남 터로 사용)의 아레오파고 연설이 떠오른다. 사도 바오로는 2차 전도 여행 중 우상이 가득 찬 이곳, 아테네 회당에서 예수님의 부활 소식을 열정을 다해 전한다. 바오로는 아테네 시민이 대단한 종교심을 가졌다고 먼저 칭찬한다. 이어서 여러분이 알지 못하는 신을 자신이 직접 알려 주겠다며 적극적으로 나선다. 아테네 시민이 아직 잘 모르는, 알지 못하는 신을 바오로는 그들이 알아들을 수 있는 언어로 자상하게 알려 주고 설명하는 것이다(사도 17,16-34). 사도 바오로는 언제나 그렇듯이 새로운 지역의 선교를 위해 그들이 쓰는 언어와 사고방식, 문화를 먼저 이해했다.

사도 바오로, 커뮤니케이션의 전문가이신 그분을 본받아 선교 사명을 수행해야 하는 우리 성 바오로의 아들들은 현시대를 잘 이해하고 있는가? 현대인들이 쓰는 언어와 그들의 사고방식을 정말 잘 알고 있는가? 동료나 친구, 가족과 제대로 커뮤니케이션을 하고 있는가? 매스 미디어를 통해 예수 그리스도의 기쁜 소식을 전하는 것이 우리의 소명이지만 늘 한계에 부딪히는 우리의 모습을 보게 된다.

우리들은 가끔 곤란을 겪는다. 자주는 아니지만 요즘에는 횟수가 늘어난다. 그리 놀랄 일도 아니다. 수사이며 영업 부장인 나는 본당 도서 선교 섭외를 맡아 전화로 영업을 많이 한다. 대부분 많은 분들이 우리를 격려하고 지원하지만 어떤 곳에서는 우리를 책 장사꾼 취급을 한다. 심지어 차를 주차장에 세우지 못하게 하여 성당 밖 골목길에 둔 적도 있다. 추운 겨울이지만 따뜻한 차 한 잔 대신 싸늘한 눈길 아래 눈치 보며 도서 홍보를 하다가 돌아온 적도 있다. 성바오로수도회의 영성을 잘 이해하지 못하는 분들도 있는 것 같다. 우리를 이해 못하고 시대를 이해 못하는 결과가 아닐까. 그들이 이해하든 못하든 우리는 우리의 사명을 끝까지 수행해야 한다.

문자 시대를 대표하는 도서는 점점 약화되고 영화와 TV가 유행하는 때이다. 젊은이들은 책보다 영화나 애니메이션을 선호하는 경향이 있다. 영상 시대인 것이다. 이렇듯 매스 미디어는 시대를 따라 변하고 빠른 속도로 발전하고 있다. 교회는 매스 미디어를 통해 복음을 전하기 위해 늘 새로운 매체를 이용하고 적극적으로 투자해야 할 것이다. 그러기위해서는 매스 미디어에 종사하는 성직자, 수도자의 힘만이 아닌 모든 교회 구성원들이 힘을 합쳐야 할 것이다.

: 유네스코가 선정한 인류 문화재 1호, 파르테논 신전은 아직 보수 공사 중이다. 사도 바오로는 이곳 아테네에는 교회를 세우지 못했다. 아테네 문화 시민의 텃세 탓이었을까?

: 그리스 아테네시에 있는 아레오파고 언덕. 성 바오로는 이곳에서 연설을 하는데 많은 시민들로부터 비웃음과 홀대를 받는다. 이 연설은 우리에게 시대를 이해하고 그 시대에 맞는 언어를 사용하여 그리스도를 알려야 한다는 점을 가르쳐 준다.

그리스의 마지막 밤이 깊어 간다. 그리스의 정겹고 자유로운 공기를 뒤로 하고 새로운 언어와 새로운 사람들을 만나기 위해 또 다시 힘을 낸다. '칼리메라'(안녕하세요)라는 그리스 인사말을 뒤로하고 새로운 언어를 만나게 될 몰타 섬으로 발길을 옮기면서 커뮤니케이션의 전문가이신 사도 바오로의 모습을 떠올리며 그분의 도움을 청해 본다.

사랑과 환대의 섬나라
몰타

몰타, 이탈리아 시칠리아 남쪽에 위치한 작은 섬나라. 지금 나는 일행과 함께 몰타에 와 있다. 이곳은 유럽인들이 가장 선호하는 여름 휴양지 중의 하나이다. 그리스 아테네에서 로마행 비행기로, 다시 몰타행 비행기로 갈아타니 온몸에 나른함이 퍼져 왔다.

튀르키예와 그리스가 사도 바오로의 선교지요 전도 여행의 중심지였다면, 몰타는 사도 바오로가 로마로 끌려가면서 들른 곳으로, 슬픔이 묻어나는 여행지다. 곧 죽을지도 모른다는 불안감과 초조함, 압송 도중 사도 바오로 일행은 몰타 섬에 좌초했고 배는 다 부서졌다. 그것도 추운 한 겨울에. 사도행전 28장에 따르면 바오로 일행은 배가 부서져 죽을 고비를 넘긴 채 이곳에 3개월간 머물렀다고 한다. 낙심하고 슬픔에 빠져 허우적거릴 수도 있었지만 바오로는 이곳에서도 선교를 멈추지 않았다. 몰타 섬의 수령으로 열병에 걸렸던 푸블리우스의 아버지를 안수와 기도를 통해 완쾌시켰던 것이다. 현재 몰타 푸블리우스 광장 중심지에 그의 동상이 세워져 있다. 그는 지금 몰타의 초대교회 주교로 모셔져 있다. 몰타 사람들은 곤란에 처한 바오로 일행에게 생필품과 감사의 인사로 최대한 성의를 베푼다. 바오로에게 이들은 천사요 은인인 것이다. 이런 천사를 우리들도 이곳 몰타에서 만났

: 몰타 시내의 골목길과 건물들(위) 사이로 바다가 보인다.
: 성 푸블리우스 광장(아래). 사도행전에 나오는 몰타 섬의 수령 푸블리우스를 기념하는 장소이다.

다.

하지만 몰타에서의 첫 출발은 그리 좋지 않았다. 여권이 말소되어 손에 땀이 나고 머리에 쥐가 났던 인천 공항에서의 예기치 못한 사건이 몰타 공항에서 또 생긴 것이다. 입국 비자 심사도 없이 쉽게 나오는 것 같았으나 문제가 생겼다. 이번 순례에 처음부터 지금까지 동행한 신문사 기자의 짐 가방이 사라진 것이다. 그동안의 순례 일기를 기록한 취재 수첩과 수천 장의 사진 등 귀한 자료가 보관된 노트북도 함께 사라진 것이다. 너무나 소중한, 분실해서는 안 되는 물건들이다. 공항에서 초조한 마음으로 알아보고 또 알아보고, 기다리고 또 기다려도 짐은 오지 않았다. 결국 우리는 암담한 마음으로 공항에서 힘없이 고개를 숙인 채 빠져나왔다. 그렇지만 나는 가방을 찾을 수 있다는 희망을 가지고 풀이 죽은 기자에게 격려와 응원을 해 주었다! 사도 바오로가 꼭 도와주실 것을 믿었다. 우리는 이번 순례를 멈출 수 없었고 해야 할 일을 계속해야만 했다.

짐 가방을 영원히 못 찾게 되는 것 아니냐며 연신 불안해 하는 기자가 안돼 보였다. 나마저 동요하거나 부정적인 말을 할 수는 없었다. 가방을 무조건 찾을 수 있을 거라고 수백 번 확인시켜 주었다. 마음속으로는 사실 분실 생각도 했지만 그래도 수사인 내가 불안한 말을 할 수는 없지 않은가. 하여튼 분실 신고를 정확히 하였고 만약을 대비해 로마의 우리 수도회 주소와 전화번호 등을 몰타 공항과 호텔 관계자에게 전해 주었다.

몰타 공화국은 정말 사도 바오로화 된 나라였다. 이곳 작은 섬나라의 도로, 성당, 심지어는 각종 상점의 이름까지 바오로 사도와 관련된 것이었다. 우리는 동네 어부를 설득하여 통통배를 타고 사도 바오로의 배가 좌초했다고 추정되는 무인도를 향했다. 저 멀리 사도 바오로의 동상이 보이기 시작했다. 가슴이 설레고 심장이 쿵쿵 뛰기 시작했다. 어부의 말에 의하면 이 무인도에 발을 들여놓는 사람은 거의 없다고 한다. 나는 바오로 사도의 거대한 동상 앞에서 꽤 긴 시간 동안 상념에 잠겼다. 사도는 내가 지금 무엇을 하길 원하실까? 너무나 소중한 가방을 잃어버려 초조해 하는 취재 기자에게 나는 큰소리를 쳤다. 가방을 꼭 찾을 거라고! 바오로 사도는 몰타에서 당신의 처지를 비관하지 않고 자신의 본연의 임무에 충실했다. 아픈 이들을 고쳐 주고 하느님 말씀을 당당하게 선포했다. 그렇다. 우리도 그래야 한다. 가방이 사라진 것은 사실이지만 아직 끝난 것은 아니다. 언제 찾을지는 모르나 희망의 끈을 놓지 않았다. 기자는 절망과 희망을, 천국과 지옥을 계속 왔다 갔다 하는 것 같았다. 바오로 사도의 배가 좌초한 무인도의 묵상과 취재를 마쳤다. 수리하던 배를 다시 손질해 섬까지 태워 준 순박한 몰타 어부들이 너무나 고마웠다. 그들은 우리의 부탁과 간절함에 응하여 친절과 배려라는 것을 몸소 실천한 작은 천사들이었다.

무인도에서 돌아와 몰타 시내 바오로 성당 주임 신부와 사무장을 인터뷰했다. 본당 사제 빈센트 신부님과 사무장도 우리에게 사랑을 보여 주신 천사들이었다. 미사가 막 끝나 성당 문을 닫기 직전에 우리의 귀찮은 취재 요청을 거절하지 않고 꺼졌던 성당 조명을 환하게 밝

: 바오로 사도가 탄 배가 처음 좌초한 무인도 위에 세워진 성 바오로 상. 사도께서는 그곳에서 나를 부르고 계셨다.

히며 취재에 적극 협조해 주셨던 것이다. 곧이어 우리는 진짜 수호천사를 만났다. 짐 가방이 없어 생필품을 구하지 못했던(도착 당일 몰타 모든 상점문은 굳게 닫혀 있었다) 힘든 상황에서 몰타 섬의 한 부부를 길에서 우연히 만나 달콤한 커피와 간단한 의복과 신발까지 선물받았다. 무엇보다 그들 젊은 부부의 따뜻한 눈길과 마음을 지금도 잊을 수 없다. 그렇다 이곳 바오로 사도의 나라, 몰타에는 사랑이 있었다. 사도의 흔적이 진하게 느껴진다. 사도의 사랑이 깊게 넓게 스며든 곳, 몰타! 따뜻하고 인간적인 마음이 곳곳에 배여 있는 것은 우연이 아니었다.

여독 때문인지 잃어버린 가방 때문인지 우리는 기진맥진, 탈진 아니 혼수상태까지 이르렀다. 순례 여행 최대의 위기였다. 하지만 우리는 몰타의 작은 천사들 덕분에 순례를 계속할 수 있었다. 아직도 가방에 대한 소식은 전혀 없었다. 수호천사를 만나 기뻐하다가도 가방 생각만 하면 걱정과 근심의 그림자가 얼굴에 드리워졌다. 하지만 나는 '곧 연락이 올 거야.' 하며 기자를 안심시켰다. 기자의 얼굴이 조금은 환해졌다. 몰타 천사들의 사랑이야기 때문에 우리는 길을 계속 달린다. 이젠 순례의 끝이 보이는 것 같다. 몰타에서의 아름다운 사랑이야기를 가슴에 담고 이제 내일이면 이탈리아 남쪽을 향해 큰 배를 타고 떠날 것이다.

"그러므로 이제 믿음과 희망과 사랑 이 세 가지는 계속됩니다. 그 가운데에서 으뜸은 사랑입니다."(1코린 13,13)

: 몰타 성 바오로 기념 성당의 주임 신부님. 사무장과 함께.

: 낯선 이방인에게 따뜻한 환대를 보여 준 몰타인 부부. 내게는 몰타의 수호천사였다.

위험을 무릅쓰고 전진하라
로마 입성기

몰타에서의 아름답고 좋은 기억을 뒤로하고 발길을 옮긴다. 나는 지금 바오로 순례 여행지 네 번째 나라, 이탈리아로 향하고 있다. 아직도 내 마음에서는 몰타 섬에서 만난 '사랑의 천사들'을 지울 수 없다. 하지만 이탈리아를 향해 큰 배를 타고 떠나는 지금, 나의 마음은 새로운 감정으로 복잡하다. 위험에 대한 약간의 두려움이랄까. 사실 순례 여행 내내 이탈리아의 강도, 절도 등 위험성을 경고해 주는 이들이 너무나 많았기 때문이다. 여행사 부장님은 몇 년 전에 신부님을 포함한 한국 성지 순례단 일행이 이탈리아 남부 시라쿠사에서 로마로 가는 야간열차 안에서 마취약을 사용한 강도단에게 폭행당하고 금품을 몽땅 털렸다는 섬뜩한 이야기를 들려주었다. 기자와 나는 이탈리아에서 그 야간열차를 탈 예정이다.

사실 사도 바오로만큼 자주 위험을 겪은 인물도 드물다. 코린토 신자들에게 보낸 둘째 서간 11장을 잘 살펴보면 그가 처한 수많은 위험들이 나타난다. 잦은 옥살이, 지독한 매질로 인한 죽음 위험, 채찍과 돌팔매질, 파선, 강도, 동족과 이민족에게서 오는 위험, 굶주림과 목마름, 추위 등 헤아릴 수조차 없을 지경이다.

브라질에서 내가 강도를 세 번이나 만났다는 사실을 수도원 형제들

: 이탈리아 남부 시라쿠사에서 나폴리까지 가는 야간열차의 침대칸. 걱정과 두려움으로 시작되었지만 여행은 무사히 끝났다.

은 잘 모른다. 첫 번째는 수도원을 코앞에 두고 운전을 하던 도중에 벌어졌다. 사춘기 청소년들로 보이는, 그러나 마약에 취해 눈이 다 풀린 소년들이 나를 권총으로 위협했던 것이다. 그들에게 나는 약간의 현금을 내주어야만 했다. 귀한 용돈이었지만 목숨을 부지하기 위해(?) 어쩔 수 없는 선택이었다. 두 번째, 수도원 일로 환전소에 들러 달러를 찾아 성바오로 서원으로 돌아가는데 교환한 돈 전부를 날치기 당하고 강도가 휘두른 주먹에 맞아 땅에 고꾸라졌다. 세 번째는 대낮에 시내 한복판에서 칼로 무장하고 나를 미행한 건장한 두 남자에게 강도를 당할 찰나, 수호천사가 도와주었는지 갑자기 뒷머리가 쭈뼛 서며 그들을 돌아보았을 때 그들이 놀라 범죄를 포기하고 발길을 돌린 일이다.

잃어버린 가방, 야간열차 안의 강도 사건 등 여러 가지 생각에 잠 못 이루던 나는 3시간 이상의 여행 끝에 이탈리아 카타니아 항구에 뱃멀미 없이 무사히 도착했다. 사도께서 거쳐 갔던 시라쿠사와 포추올리에서도 아무런 불상사는 없었다. 포추올리에서 나폴리까지 12시간이 넘는 그 위험하다는 야간열차에 탔다. 열차는 달리고 또 달렸다. 마취약을 소지한 강도단 생각에 열차 문밖을 의심했지만 열차 안은 너무나 평온했다. 불안한 마음은 어느새 사라졌고 사도 바오로의 보호하심을 느끼며 평화로이 잠들었다.

이탈리아에서의 일정은 예상과는 달리 너무나 순조롭게 진행되었다. 한 가지 큰 깨달음을 얻었다. 앞만 보며 좋은 목적을 가진 사람들에게는 생소한 언어나 음식, 문화도 큰 문제가 되지 않으며 사람이 시

: 바오로 사도의 가택 연금 장소로 추정되는 곳. 위쪽에 라틴어로 다음과 같은 글귀가 쓰여 있다. '성 바오로 사도가 머무르고 가르친 곳.'(DIVI PA ULI APOSTOLI HOSPITIUM ET SCHOLA.)

련을 겪을 수는 있겠지만 실패란 없다는 것을! 무엇보다도 내가 예상했던 갖가지 위험도 이 순례 기간 동안 나를 위해 기도해 주는 많은 이들 덕분에 물리칠 수 있었다. 시라쿠사, 포추올리 등 사도께서 거쳐 갔던 그곳에서 큰 위험에 빠지지 않았다. 나는 믿는다. 내가 혼자 순례한 것이 아님을. 브라질에서 세 번씩이나 강도를 만났던 일과 철학과 신학 공부를 그것도 야간 신학대학을 졸업한 것도 나의 혼자 힘이 아니다. 7년 7개월 동안의 해외 선교 생활을 혼자의 힘으로 해냈다고 여기지 않는다. 우리 눈에 보이지 않는 하느님의 도우심과 우리 가까운 형제자매의 기도의 힘으로 해낸 것이다.

이제 나폴리역이 다가오고 있다. 갑자기 전화벨이 힘차게 울린다. 로마 성바오로수도회에 있는 동료 수사님이다. 로마 공항에서 우리 가방을 보관하고 있다는 연락이 왔다고 한다. 우리 둘은 환호하며 좋아서 펄쩍펄쩍 뛰었다. 창피한 것도 무릅쓰고 좋아했다. "그것 봐, 내가 말했잖아, 찾는다고!" 기자는 나중에 내게 털어 놓았다. 만약 가방을 찾으면 십일조를 바치기로 하느님과 약속했다고. 하하하.

그렇다. 모든 일에는 어려움이 따른다. 당연히 위험까지 따르기 마련이다. 하지만 단 한 가지를 생각한다면 해낼 수 있다. 내가 가야 할 길을 말이다. 나의 최종 목적지를 알아야만 한다.

아, 이제 나는 순례의 최종 목적지인 로마로 향한다!

'두려워하지 마라, 나 너희와 함께 있으니.'

: 이탈리아 로마의 아피아 가도(Via Appia) 표지판. 사도 바오로가 예루살렘에서 로마로 끌려갈 때 이 길을 지났다고 한다.

순교를 각오하라
로마

절망 대신 희망을, 죽음 대신 생명을.

먼저 나의 하느님께 그리고 사도 바오로께 감사를 드린다. 위험을 무릅쓰고 강행한 이탈리아 남부 기차 순례 여행은 안전하게 끝났다. 사도 바오로의 특별한 보살핌이라고 나는 믿는다. 이탈리아 남부 시라쿠사를 출발, 포추올리, 나폴리를 거쳐 순례 마지막 종착지, 로마로 입성했다. 사도께서 로마로 압송돼 이곳 교우들의 환대를 받으며 걸었다는 아피아 가도 Via Appia를 천천히 걸으며 나는 그 도로 바닥 길을 쓰다듬어 보았다. 로마 교우들의 환하고 따뜻한 얼굴과 손길이 느껴진다.

지나간 이야기지만, 순례 기간 중 어느 날 오후, 맑고 파란 하늘 사이로, 잔잔하고 따스한 구름 사이로 갑자기 사도 바오로의 얼굴이 스쳐 지나갔다. 그 순간, 나는 이번 마지막 순례 여행지인 로마에서 무사히 목적을 달성하며 성공적으로 이 여정을 마칠 수 있다는 확신이 섰다.

사도행전 28장 14-15절에 바오로 일행은 로마에 도착해 로마 교우들의 환대를 받고 감격해 하느님께 감사를 드리고 용기를 얻었다고 기록되어 있다.

드디어 로마 테르미니 기차역에 도착하던 날, 나는 놀랐고 너무나 반가웠다. 숨어 있던 힘이 솟아남을 느끼며 크나큰 용기를 얻었다. 우리 수도회 동료 수사님이 배웅 나오는 것은 알고 있었지만 뜻밖에 반가운 얼굴이 한 분 더 계셨기 때문이었다. 바오로가족수도회 수녀님이시다. 이 로마에서의 순례, 취재 등이 무사하게 끝날 수 있음은 동료 수사님들, 신부님들, 가족수도회 수녀님들의 전폭적인 지지와 기도 덕분이었다.

잃어버렸던 가방을 찾으러 즉시 우리는 로마 공항으로 출동했다. 그런데 하필이면 이탈리아 어를 잘 못하는 내가 들어가야만 했다. 아테네에서 짐 가방을 부칠 때 나의 이름으로 등록했기 때문이라는 것이다. 포르투갈 어는 좀 하지만 이탈리아 어는 생소하기 때문에 걱정이 앞섰다. 하지만 할 수 없는 일이다. 공항 분실물 센터 안에는 기자 가방과 같은 검은색 가방이 수없이 많았다. 앞이 캄캄했다. 어디서 어떻게 찾지? 그런데 창고에 들어간 지 5분도 안 되어 손잡이가 덜렁거리는 기자 가방 같은 것이 눈에 띄었다. 참 신기한 일이었다. 그렇게 우리는 3일 만에 그렇게 애를 태우던 가방을 찾았다. 하느님께 감사. 희망을 버리지 않았더니 포기하지 않았더니 이런 좋은 일이 생긴 것이다.

로마에서는 바오로 사도와 직접적인 관련이 있다는 장소들을 동료 수사들의 도움을 받으며 직접 가보고 만져 보았다. 아피아 가도 Via Appia, 트레 폰타네, 사도 바오로의 무덤이 있다는 성 바오로 대성당, 성 바오로 사도의 감옥 등등. 이 모든 곳에서 나는 사도 바오로의 피

: 로마 트레 폰타네의 순교 기념 성당 내의 사도 바오로 참수 장면 성화. 잘린 사도의 머리와 작은 세 물줄기(트레 폰타네)가 솟아오르는 것이 선명하게 보인다.

: 성 바오로 대성당의 외경.

와 땀의 흔적을 살펴보고자 노력했다.

　우리가 볼 때 사도 바오로는 외적으로 절망적인 상태였고, 감옥과 쇠사슬이라는 육체적 제한도 뒤따르는 상태였다. 언제 죽을지 모르는 절체절명의 상황이었던 것이다. 하지만 사도 바오로는 삶을 미리 포기하거나 절망하는 법이 없었다. 그는 '희망'을 선포하였다. 복음을 알렸다. 기쁜 소식을 전했다. 참으로 위대한 일이 아닌가.

　우리의 사도직은 참으로 쉽지 않다. 복음의 권고인 삼대 서원을 사

: 성 바오로 대성당의 바오로 동상의 강인한 모습. 눈과 수염, 칼에서 그분의 힘과 열정이 느껴진다.

는 수도자들인 우리 회원들이 일반 매스컴 전문가들에 비해 기술적으로 뒤지는 것이 어찌 보면 너무나 당연하다.

  수도 생활과 동시에 전문적 사도직을 수행해야하는 우리 '바오로인'들은 많은 장애물을 만난다. 이 장애물들은 때로는 너무나 크다. 힘에 부쳐 절망적인 상황에 봉착하는 경우도 부지기수이다. 실제로 이런 문제로 수도회를 떠난 회원들도 적지 않다. 하지만 바오로 로드를 걸으며, 나는 이 장애물이 수도회의 고유한 삶의 여정에 따른 '고난'이라

: 로마 성 바오로 대성당 안의 바오로 무덤에서 기도하며.

는 것을 배웠다. 사도 바오로에게 얼마나 많은 고난이 있었는가? 고난과 시련은 있지만 실패는 없어야 한다.

   우리 수도회의 상황이 모두 희망적인 것만은 아니다. 힘든 부분도 많다. 세계 경제 위기와 맞물려 수도회 재정 상황도 매우 어렵다. 문자 시대에서 영상 시대로 넘어간 지금 출판계의 어려움은 크다. 해마다 독서율은 하락하고 따라서 도서 판매는 급감하고 있다. 점점 심해지는 향락주의와 이기주의로 인해 수도 성소는 크게 위협받고 감소하고 있다. 현재 바오로인들은 사도직적 전문성과 완전성 부족으로 바오로적 사도직에 많은 어려움을 겪고 있다. 그러나 우리는 포기할 수 없고 우리의 한계를 인정하면서도 끊임없이 배우고 뛰고 앞으로 전진해야만 한다.

이 순례를 통하여 한 가지 확인할 수 있다. 바오로 사도는 그 많은 위기와 고난을 뛰어넘은 승리의 사도였다는 것이다. 그래서 우리의 사부, 모델이신 사도 바오로가 극복한 것처럼 우리도 나아가야 한다. 나의 뜻대로가 아닌 하느님의 뜻대로 천상에 계신 사도 바오로의 도우심을 빌며 우리는 앞만 보며 나아가야 한다.

성 바오로 대성당 안의 사부 바오로의 무덤에서 무릎을 꿇고 기도한다. 나의 심장은 격하게 뛰기 시작했다. 그렇다. 분명한 사실이다. 2000년 전, 바오로 사도는 육체적으로 죽고 무덤에 묻혔다. 하지만 지금 이 순간 사도 바오로의 정신이 나의 가슴속에서 활활 불타오른다. 그분은 내 안에 영적으로 숨 쉬고 살아 계신다. 나의 사도적 삶의 모델이신 그분의 카리스마적 열정을 본받고자 한다. 오직 한 가지만 바라보며 살고자 한다. 오직 그리스도께 시선을 고정한 채.

"나는 내 뒤에 있는 것을 잊어버리고 앞에 있는 것을 향하며 내달리고 있습니다."(필리 3,13)

: 사도 바오로가 베드로 사도와 함께 갇혔다고 전해지는 로마의 마메르티눔 감옥터와 트레 폰타네 사도의 순교 기념 성당에 있는 성 바오로의 참수 장면 부조.

길을 마치며 _ 나는 달릴 길을 다 달렸습니다!

시선을 고정하라, 그리스도께.

사도 바오로여, 제가 달릴 길을 다 달릴 수 있도록 인도해 주셔서 감사합니다!

특별한 은총 체험도 있었다. 뜻밖의 난관에 부딪힌 일도 적지 않았다. 순례 첫날 인천 공항에서 여권 말소로 순례 여정이 취소될 뻔한 위기를 잘 넘긴 일, 몰타에서 기진맥진하여 혼수상태까지 빠진 생애 초유의 일을 맞으면서도 순례 여정을 잘 마친 일, 전문 작가도 아닌 평범한 수사인 내가 '가톨릭 신문'에 25회의 연재 글을 6개월 동안 무사히 마칠 수 있었던 일, 신문의 연재 글을 보고 수녀원과 본당에서 바오로 사도 특강을 요청받아 강의를 했던 일들…. 이 모든 일들이 나의 과거의 소심함과 미지근한 신앙 자세였다면 결코 해낼 수 없었을 것이다. 이번 순례를 통해 사도 바오로께서 특별한 힘을 나에게 주신 것을 믿는다. 우리 모두에게는 누구나, 나만의 든든한 후원자가 있다는 필리피 교회의 리디아 이야기를 기억하는가? 나 혼자만은 할 수 없지만 그분의 힘으로는 가능한 것이 신앙이요, 믿음이다. 바오로 사도께서 이번 순례를 통해 나에게 주신 두 가지 메시지를 독자들에게 선물하고 싶다.

첫 번째는 절대 포기하지 말라는 것이다. 세상의 많은 사람들이 얼마나 쉽게 절망하고 삶을 포기하는가? 사도 바오로는 희망의 사도였다. 수많은 감옥살이에서도 그는 희망의 메시지를 이방인들에게, 유다인들에게 아니 세상 모든 이들에게 선포했다. 기회가 좋든지 나쁘든지 그는 당신의 일을 거룩하게 수행하였다. 돌팔매질에 얼굴과 몸에 피가 나고, 깨지고, 터져도 그는 부활하신 예수님을 사람들에게 설교했다. '진정한 부활을 맞이하기 위해서는 처절한 고통을 거쳐야만 함'을 예수 그리스도를 통해 그리고 사도 바오로를 통해 우리는 배웠고 깨닫지 않았는가?

두 번째, 살아 있는 삶을 스스로 보여 줘야 한다는 것이다. 살아 있는 삶은 강한 믿음을 입증한다. 너무나 미지근하여 혼찌검이 났던 라오디케이아 교회 신자들, 겉으로는 살아 있는 것 같지만 실상 죽은 것과 같다는 사르디스 교회 사람들은 되지 말자! 물질적인 풍요로움으로 인해 영성적으로는 잠을 자고 있던 그 교회들이 주님께로부터 꾸지람을 들었듯 오늘날 우리 교회도 같은 꾸지람을 주님께로부터 듣지 말란 법은 없다. 늘 깨어 있으면서 각자의 자리에서 역동적인 모습으로 살아갈 수 있도록 노력해야 한다.

3주간의 바오로 로드를 걷고 느끼며 묵상했던 이 길을 여러분도 이제 걷고 느끼기를 진정으로 바란다. 사도 바오로의 희망을 보고 사도의 열정을 함께 배웠으면 좋겠다. 현대의 사도 바오로가 되어 순례 여행을 통해 축복받은 시간을 보낼 수 있도록 도움을 준 모든 분께 감사한다. 이제 남은 일은 단 한 가지뿐이다.

오직 '그리스도께만 우리의 시선을 고정시키는 일' 말이다.

"나는 훌륭하게 싸웠고 달릴 길을 다 달렸으며 믿음을 지켰습니다. 이제는 의로움의 화관이 나를 위하여 마련되어 있습니다."(2티모 4,7-8)

로마의 트레 폰타네에 있는 사도 바오로 순교 기념 성당. 성당 입구에는 사도가 걸었던 당시의 돌길이 보존되어 있다.

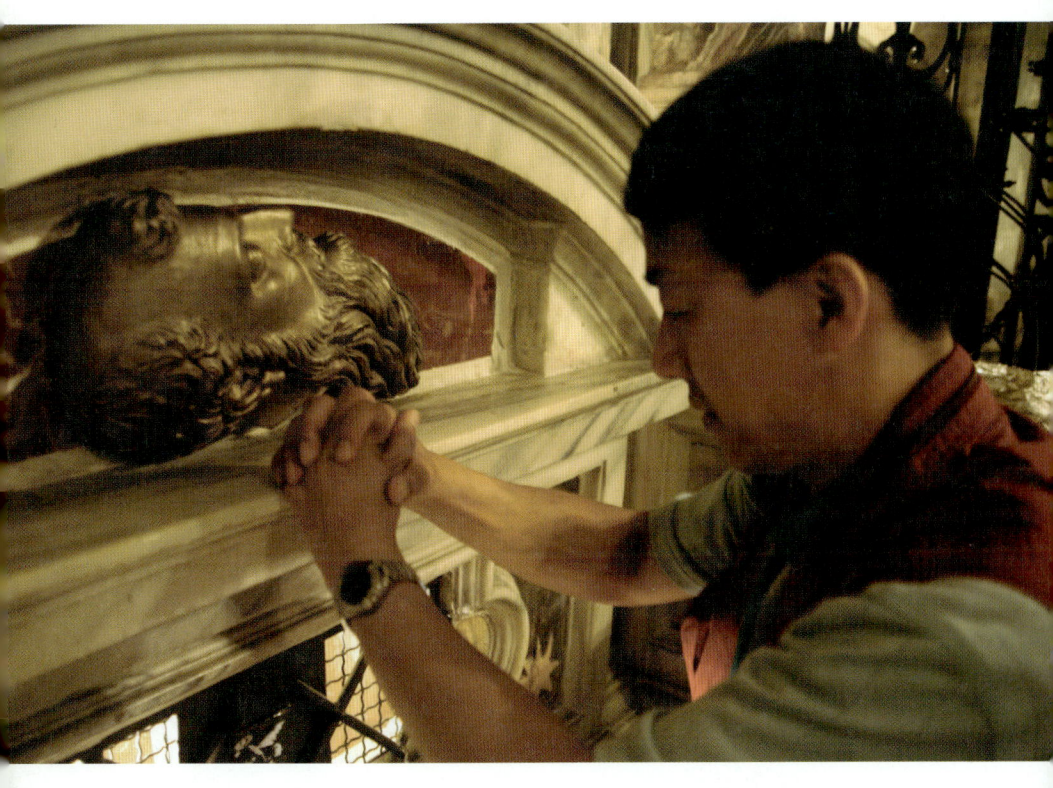

: 바오로 사도의 선교 여정을 보여 주는 지도. 지도에 표시된 화살표는 바오로 사도의 1, 2, 3차 전도 여행과 로마로 가는 그의 최후 여정을 나타내고 있다.

토마스수사
바오로로드를 가다

글쓴이 : 김동주
펴낸이 : 서영주
펴낸곳 : 성바오로
주소 : 서울특별시 강북구 오현로7길 20(미아동)
등록 : 7-93호 1992. 10. 6
교회인가 : 2009. 4. 28
초판 발행일 : 2009. 6. 10
1판 7쇄 : 2025. 5. 27
SSP 878

취급처 : 성바오로보급소
전화 : 944--8300, 986--1361
팩스 : 986--1365
통신판매 : 945--2972
E-mail : bookclub@paolo.net
www.paolo.kr

값 16,000원
ISBN 978-89-8015-716-7